はじめに　「変わりたい」と思っているあなたへ

この本を手に取っていただきまして、ありがとうございます。

ちょっとしたことで落ち込んでしまう、イライラする、他人の顔色を見てしまう、不安や緊張で思うように行動できない……。「こんな自分を変えたい」。あなたは、そんなふうに思ったことはありませんか。よく「考え方を変えたらいい」と聞いたことはあるけれど、いったいどんなふうに変えたらいいのかわからない、という人もいるでしょう。そんなあなたに、とっておきの方法をお伝えしたいと思います。それが「認知行動療法」です。

「認知行動療法なんて聞いたことないよ。どんなものなの？」

あなたが、こんなふうに認知行動療法に関心を寄せてくれたら、とっても嬉しいです。

認知行動療法は『考え方を変えることで、抑うつや不安を軽減させる方法』です。

考え方を変えたら、気分も変わる。考え方を変えたら、行動も変わる。認知行動療法を実践すると、今までの自分とは、違う自分になれますよ。


えっ、ひとりではむずかしそう？

だいじょうぶ、だいじょうぶ。

わたしが、あなたに寄り添って、一緒に、丁寧にお伝えしますから。

どうぞ、ご安心を。

せっかく、あなたが「変わりたい」と言ってくれるのですから、今がチャンス。認知行動療法のことなら、喜んで、いくらでも、お伝えしますよ。

「認知行動療法は、むずかしい」と思っていたあなた、「認知行動療法はうまくいかない、自分には合わない」と思っているあなたのために、この本では、うまくいくコツをお伝えします。


わたしは、神戸心理療法センターで、約20年間、認知行動療法を実践してきました。臨床活動の中で認知行動療法を続けていると、「つまずきやすいポイント」がいくつかわかってきます。そのつまずきポイントで、心理師が寄り添い、いかにフォローできるか。誰だって、つまずいたときは、弱気になったりやめたくなったりしますものね。

みんな、初めてのことに取り組むときは不安でいっぱいです。特に認知行動療法は、苦手な場面にチャレンジしたり、自分の考え方のクセを見つけたりする方法ですから、そばに寄り添って、「これでいいんだよ」といってくれるガイド役は必要です。

ですから、この本では、みなさんが「むずかしい」と感じやすい部分をより丁寧にお伝えしています。

これまでに「認知行動療法は、自分には合わない」と感じていた方が、この本を読んで「認知行動療法って自分でもできそう！」と思っていただけたら嬉しいです。

この本は、書き込み式になっています。直接、書き込みながら、自分の考え方のクセに気づいてくださいね。

あなたが『なりたい自分になる』お手伝いをさせていただきます。

わたしは、できるだけ、普段の心理療法で実践しているときと、おなじように、あなたに語りかけていきますからね。

それでは、一緒に、やってみましょう。

目次

第2章
症例別アプローチ編 認知行動療法をやってみる

第3章
実践上のコツ編 認知行動療法の効果を高める

＊本書に登場する相談者は架空の人物であり実在の人物ではありません。

第1章

認知行動療法を知ろう

基本知識編

「なりたい自分になる」のが認知行動療法

まず、あなたが認知行動療法をやってみようと思ったのは、なぜでしょうか。

今、何か困っていることや悩んでいることが、ありますか。


「自分のことが嫌い」

「すぐ落ち込んでしまう」

「消えてしまいたい」

「息が苦しい。とにかく不安」

「人に会うと緊張する」

「怒りがコントロールできない」

「パートナーとケンカをしてしまう」

「人づき合いが苦手」

「人の目が気になる」

そっか、いろいろありますよね。

今日から、少しずつ、認知行動療法で、あなたの考え方や、とらえ方をどんなふうに変えていけばいいか、お伝えしますね。

認知行動療法は、考え方を変えることで、自分の気持ちを変えるアプローチ法。不安や落ち込みを改善するためには、今の自分がどんな考え方をしているか、どんな場面で、どんな反応やどんな行動をしているか、まずはあなた自身が知ること。これが、すごく大事です。

それから、もう一つ。

あなたは、どんなふうに変わっていきたいですか。『なりたい自分』をどのくらいイメージできますか。

今、あなたは、つらい気持ちでいっぱいで、ただただ、楽になりたい、そんなふうに思っているかもしれない。何を目指して進めばいいか、わからないかもしれない。

だからこそ、認知行動療法を実践するときは、これから、どんな自分になりたいのか、ゴールをどこに設定するのか、具体的にイメージすることが、とても重要です。

「え…、どうせ無理だし」

そう思ったあなた。最初から自信なんてなくて、大丈夫。一緒にやってみましょう。

やってみよう

今、悩んでいること、困っていることを書いてみましょう。

あなたは、どんな自分になりたいですか?「なりたい自分」を具体的に書いてみましょう。

どうです、書けましたか。

認知行動療法は、客観的な視点で自分をみつめることが基本。

だから、これからは『書く作業』を多く取り入れていきますよ。最初は、うわっ、めんどうくさいなぁ、と思うかもしれないけれど、一緒にやっていきましょうね。

実際に書いてみると、普段、頭の中で、ただ考えているときと、こうして、文字にして書き出したときとでは、何か、違いに気がつきませんか。

「あぁ、自分はこんなふうに考えてたのか」という『気づき』があるかもしれないですね。

●できるだけ具体的に書いてみる

あなたは、先ほど、「なりたい自分」について、どんなふうに書きましたか。

臨床場面で、「あなたはどんな自分になりたいですか」とたずねたとき、よく耳にするのが、「普通になりたい」という言葉。結構、書く人多いんですよね。あなたはどうですか。

そもそも、普通、って何でしょう。あなたは、どんな状態が、普通、だと思いますか。

たとえば、朝、起きて、学校に行ったり、仕事に行ったり、夜はぐっすり眠れたり。そういうことが、普通？ 本当にそうでしょうか。

または、ハキハキ自分の意見が言えて、友達とおしゃべりをリラックスして楽しめることが普通？

「普通」って、人それぞれだと思うんです。自分が、〝普通ってこういうもの〟と思い込んでいるだけで、他の人からしてみたら、普通じゃないかもしれない。はたまた、その逆だって、ありうるわけです。

だから、もし、あなたが『なりたい自分』の枠に、普通、と書いたなら、改めて、教えて下さい。あなたにとって、普通、とはどんな状態のことですか。できるだけ具体的にイメージして、書いてくださいね。

たとえば、

「くよくよ考えないで、人の顔色を気にすることなく、自分で決めたことに自信をもつ」

「早起きはしなくてもいいから、午前中には起きて、朝、昼、晩と一日三食食べる」

「どうしよう、大丈夫かな、と不安にならずに、乗り物に乗って、行きたい場所に行く」

「自分のことを好きになる」

「緊張せずに、堂々と人前でスピーチする」

「しょうもないことでイライラしないで、穏やかに家族やパートナーと過ごす」

そうそう。いい感じ。たくさん書けましたね。

認知行動療法では、最初に『アジェンダ設定』といって、今、困っていることや、これからの目標について確認するんです。

あなた自身が、どんなテーマについて話し合うか、何についてどんなふうに困っていて、目標は何なのか、どんな自分になりたいのかを明確に知ることが大切だから。

あくまでも、主役は、あなた。

わたしは、ナビゲーターという感じかな。

さて、最初の書き込み作業の意味は、なんとなくわかってもらえたでしょうか。

要は、今の自分が困っていること、そして、これから「なりたい自分」について、あなた自身が、ちゃんと知っておくことが大事なの。それが、認知行動療法の、最初の一歩ですよ。

そうとわかれば、もう一度、ページを戻って、今の自分を振り返って、より具体的に書き込んでみてくださいね。

あなたが、今、悩んでいること、困っていることは何でしょうか。

あなたは、どんな自分になりたいですか。

やってみよう―書き込み例

今、悩んでいること、困っていることを書いてみましょう。

・やる気がなく、朝起きられない。
・生きていても仕方がないと思う。
・地下鉄に乗れない。出かけにくい。

あなたは、どんな自分になりたいですか？「なりたい自分」を具体的に書いてみましょう。

・朝起きて、朝昼晩1日3食ちゃんと食べられるようになりたい。
・居場所になる場所がほしい。
・普通に外出したい。
・電車やバス、新幹線に乗って、行き先を限定せず、どこでも行けるようになりたい。

あなたの感情はどこからやってくるのか？

「あぁ、最高に幸せだな」

「うぅ、寂しい…」

「あぁ、どうしよう、不安だ」

「えっ、どういうつもりなの、腹が立つわ」


あなたの心は、七変化。

泣いたり、笑ったり、怒ったり。

すねたり、不安になったり、大忙し。

わたしたち人間は、いろんな感情をもつ生き物。悲しんだり、喜んだり、悔しがったり、いろんな感情をもつことは、おかしなことでも、何でもない。むしろ、自然で、当たり前なことなんです。

だから、

「怒らないでおこう」

「悲しまないようにしよう」

と思う必要はありません。

だって、感情をもつことは、自然なことだから。怒ってもいい。悲しんでもいい。人間ですものね。

でもね、いつも、ずっと、四六時中、つらい感情をもち続けていると、あなた自身、苦しくなるでしょう。

ずっと不安なままだったら、つらいし、いつも悲しい気持ちが晴れないままだと、大変ですよね。できれば、穏やかに、ハッピーに過ごしたい、と思うでしょう。

認知行動療法の目的は、『感情をなくすこと』ではなく、『感情をコントロールすること』です。

あなたには、認知行動療法であなた自身を苦しめる感情を自分でコントロールできるようになってほしいんです。

さぁ、ここで質問です。あなたの感情はいったいどこからやってくるのでしょうか。

あなたをイライラさせるのは、いったい誰？　あなたを不安にさせるのは、いったい何？

最近、あなたが抱いた感情について教えてください。

やってみよう

あなたが最近、不快に感じたできごとを一つ思い出して、書き出してください。

あなたは、そのとき、どんな気持ちになりましたか？

今、書き出した『できごと』と『感情』について、詳しく見ていきましょう。どんなできごとが浮かびましたか？

以前、子育てに悩む女性（Mさん）が相談に来られました。この方は、3歳になるお子さんを育てていて、ときどき、イライラして子どもに強くあたってしまう、という悩みがありました。わたしは、丁寧にカウンセリングをしたあと、認知行動療法について詳しくお伝えしました。そして、イライラする場面について、たくさんある中から、一つのエピソードを選んでもらいました。

そこで、出てきたエピソードは、こうです。

Mさんが、子どもを連れて出かけるときのことです。電車の時間やバスの時間を調べ、持って行くものを用意し、出かける前に、余裕をもってトイレへ行くよう子どもに声かけをしました。なのに、ギリギリの時間になって、子どもが「おしっこ」と言い出したので、イライラした、というものでした。

そのときの状況を【できごと】と【感情】について書き出してもらうことにしました。

そのときの状況を聞けば聞くほど、女性が、イライラする様子が伝わってきます。

できごと
時間に追われて、急いでいるときに、子どもが「おしっこ」と言った。

感情
イライラした。

あなたは、このエピソードを読んで、どう感じましたか。

この女性は、ギリギリになって「おしっこ」と言った子どもに、イライラさせられた、と思ったのです。だから、子どもに対して、きつくあたってしまったんですね。


もう一つ、例を示してみましょう。

今度は、車を運転していた男性（Aさん）の話です。Aさんは、車の運転中にしょっちゅうイライラして、あおり運転をしたり、窓から大声をあげたりすることがありました。

怒りっぽいところを改善したいと考え、認知行動療法を実践することになりました。

たくさんあるイライラする場面から選んでもらったエピソードは、こうです。

ある日、友人と約束をしていて、車で高速道路に乗ったとき、渋滞に巻き込まれてしまいました。約束の時間が刻一刻と迫り、車列は、ゆるゆると進むばかりで、一向に渋滞は解消されません。Aさんは、だんだんイライラしてきました。その友人に、連絡をして、遅れることを伝えましたが、イライラは解消されませんでした。

このエピソードについて【できごと】と【感情】を書き出してもらうことにしました。


さて、このとき、この男性をイライラさせたのは、いったい誰でしょうか。

路肩に止まった故障車の運転手でしょうか。

できごと
時間に追われて、急いでいるときに、渋滞に巻き込まれた。

感情
イライラした。

渋滞の先頭をのんびり運転している車でしょうか。

はたまた、車線規制して工事をしている建設会社の人たちでしょうか。

いえいえ、そのいずれでもないのです。

実は、こうした感情は、その人自身が作り出したものなんです。


最初の女性の例を振り返ってみましょう。わたしは、Mさんに、たずねてみました。

「イライラしたとき、こころの中で、何か、ひとりごとをつぶやきませんでしたか」と。

たとえば、

「あれだけ、〃トイレは大丈夫か〃と確認したのに、なんであのとき、〃出ない〃と言っておいて、忙しい今になって、おしっこだなんて言い出すのよ」

「わたしの言うとおりに、余裕のあるときに、トイレに行けばよかったじゃないの。どうして言うことを聞かないの」

と、いうようなことです。


二人目の男性（Aさん）についても、同じようにたずねてみました。

「イライラしたとき、頭の中で、こんなことを考えていませんでしたか」と。

たとえば、

「なんで、こんなときに限って、渋滞するんだよ」

「こっちは急いでいるんだよ。のんびり走っているやつがいたら、許さないからな」

そうすると、二人とも、確かに、そのようなひとりごとを、こころの中でつぶやいていた、ということでした。

こんなふうに、瞬間的に頭の中に浮かんだ考えが、その人自身を、イライラさせているんです。

「おしっこ」と言った子どもが、イライラさせているわけではないし、渋滞の原因となった故障車のせいでもないのです。


もう一つ、別の例をあげてみましょう。

この方は、夜、ひとりで過ごしていると、なんだか悲しくなって、寂しくなる男性（Kさん）

です。
この方のエピソードをまとめると、次のようになります。

できごと
何もしていない。ただ、ひとりで過ごしている。

感情
むなしい。悲しい。寂しい。

このとき、Kさんの悲しい感情は、いったいどこからやってくるのでしょう。
さっきのイライラと違って、相手がいません。しかも、何も起きていないのに、悲しくなったり、むなしくなったり、寂しくなったりしていますよね。
さぁ、こんなとき、Kさんの感情は、いったいどこからやってくるのでしょう。
彼は、ひとりで、過ごしているとき、ふと、こんなことを考えていました。

「この先、自分はどうなるんだろう」

「どうしてわかってくれないの」
「なんて、僕はバカなんだろう」
「何をやってもムダだ」

考えようと思わなくても、ぼんやりしているうちに、勝手にあれこれと考えてしまう、そうしたら、なんだかいつのまにか、むなしくなって、悲しい、寂しい気持ちでいっぱいになっていたんです。

あなたは、似たようなこと、ありませんか。

考えようと思わなくても、勝手に自動的に頭の中に浮かんでくる。この思考のことを『自動思考』といいます。自動的に勝手に浮かんでくるから『自動思考』ってそのままですよね。

だんだん、わかってきたでしょうか。

「あなたの感情はどこから？」

答えは、もうわかりましたね。

そう。あなたの感情は、あなたの考え方からやってくるんです。

あなたが、悲しくなったり、腹が立ったりするのは、相手のせいではありません。できごとのせいでもありません。

そのとき、自分の頭の中で、どんな言葉をつぶやいたか、じっくりと思い出してください。
では、もう一度、さっきあなたが16ページで書き込んだ『できごと』や『感情』について、振り返ってみましょう。

書き込み例

できごと	時間に追われて、急いでいるときに、渋滞に巻き込まれた。
感情	イライラした。
できごと	友人と話しているとき、「それで?」と鼻で笑われた。
感情	悲しかった。恥ずかしかった。腹が立った。

感情をスケーリング（数値化）してみよう

認知行動療法では、自分の感情を客観的に確認することを大切にしています。感情の渦に巻き込まれず、感情の波にさらわれることもなく、落ち着いて、冷静に、自分の感情を確認することを大切にしています。

ですから、「すごく腹が立った」という怒りの感情について、「すごく」ってどのくらいの怒りの強さなのかを数値で表すようにします。

これを、感情の「スケーリング」（数値化）といいます。

まず、今、あなたが「すごく腹が立つ」という怒りの感情をスケーリングしてみましょう。なんの問題もない、穏やかなときの感情を０とします。

今、あなたが感じている怒りの感情は、０点から１００点のうち、どのくらいの強さで感じていましたか。

０から１００まで、あるいは１００を超えてもかまいません。数字であなたの怒りを数値化すると、どのくらいの強さだと思いますか。

たとえば、「80くらいの怒り」だったとしましょう。このときの数値は、主観的な数値でかまいません。本当に80なのか、という検証のしようがないですものね。感情のスケーリングは、あくまでも主観的な数値でＯＫです。

今度は、「とてつもなく悲しい」という感情をスケーリングするとどうでしょうか。たとえば「大事にしていたものが壊れてしまって、とてつもなく悲しい」という状況を思い描いてみてください。その人によって、「60くらいの悲しみ」ととらえる方がいるかもしれませんし、「90くらいの悲しみ」と表現される方がいるかもしれません。

「とてつもなく悲しい」という言葉の「とてつもなく」という表現が、どの程度の悲しさなのかをより明確にわかりやすくするのが、スケーリングの利点です。

「60くらい」なのか、「90くらい」なのか、自分の感情の強さを振り返ることは、あなた自身が、自分の感情をより明確に理解することにつながります。

また、「なるほど、60くらいの悲しみなのね」「90くらい、そんなに強い悲しみだったのですね」と、心理師との共通理解もより進めることができます。

「あなたの感情は、０から１００のうちのどのくらいですか」と聞かれると、あなたは、改めて、そのときの感情を振り返って数値化を試みますよね。

「60かな、もっと強いかな、90くらいかな」というふうに、一歩引いて、自分の感情をより冷静に観察するきっかけにもなります。

この、感情のスケーリングは、マイナスの数値を使って表現しても良いと思います。

よく、「消えてしまいたい」「何もやる気が起きない」という相談を受けますが、そのような抑うつの気持ちを表すときは、マイナスの数値の方がしっくりくるかもしれません。

「昨日は、マイナス50くらい」

「今日も、やはり落ち込んでいるけれど、昨日よりマシだから、マイナス30くらい」

といった具合です。

抑うつだけでなく、不安、悲しみなど、自分がぴったりくる数値で表してくださいね。

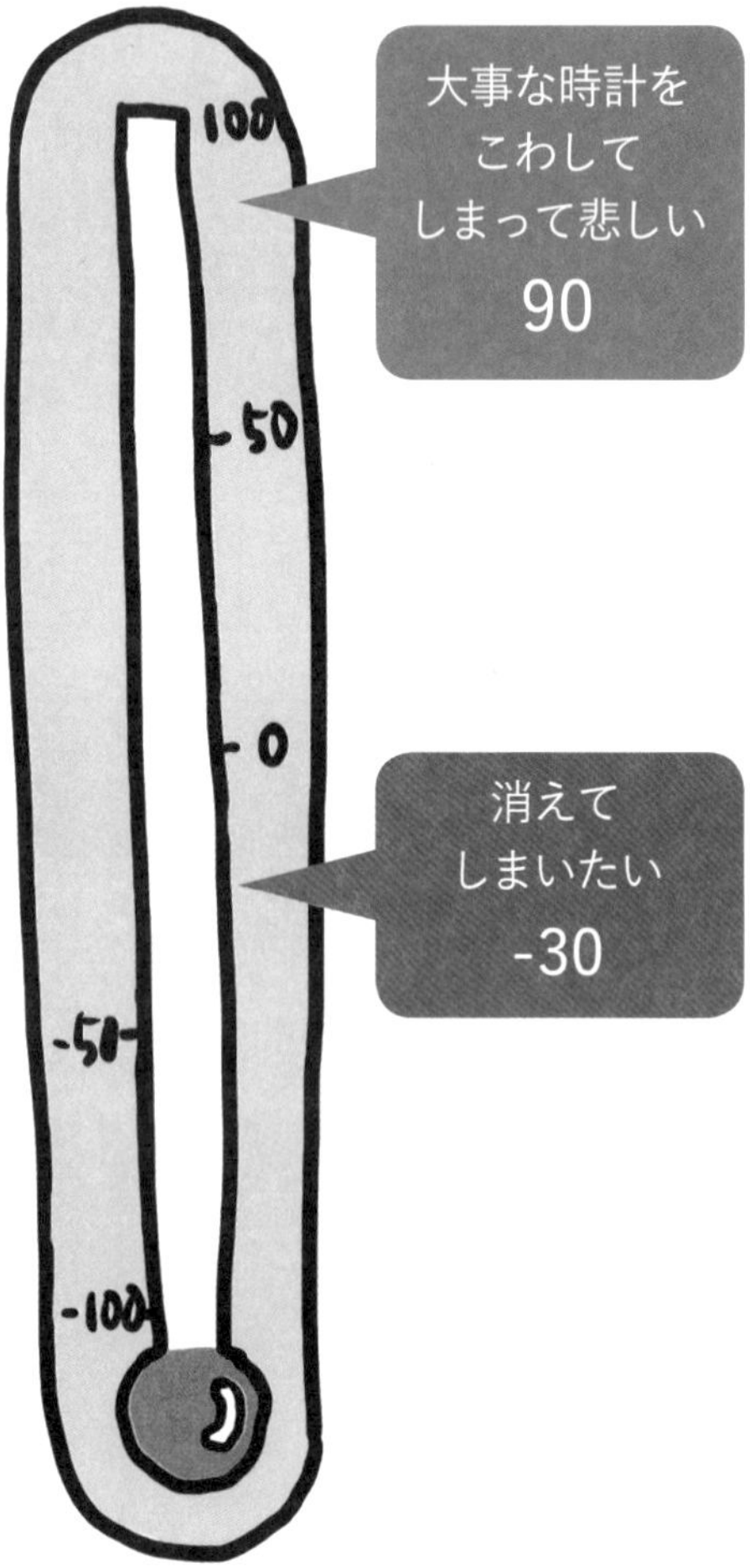

こころとからだの関係――認知モデルの4要素

あなたは、こころとからだがつながっているなぁ、と思うこと、ありませんか。

「頭が痛くなる」
「お腹が痛くなる」
「呼吸が苦しくなる」
「心臓がドキドキする」
「汗をかく」
「顔が赤くなる」
「手が冷たくなる」

いろいろあるかもしれませんね。
では、どんなときに、からだの変化を感じますか。

たとえば、人前で発表するとき、まだ、順番が回ってきていないのに、人の発表を聞いているだけで、心臓がドキドキすること、ありませんか。

もしくは、大好きなあの子に会えると思っただけで、あるいは、目が合っただけで、心臓がドキドキすることもありますよね。

お付き合いしているパートナーの浮気の証拠を見つけたときに、心臓が飛び出てしまうのではないかというくらいドキドキした、という方もいます。

不安、緊張、興奮、喜び、悲しみ、怒り……。

「心臓がドキドキする」という反応一つとっても、そのときの状況や感情は人それぞれ違います。緊張しても、心臓がドキドキするし、嬉しくても、心臓がドキドキするって、なんだか不思議ですね。

いったい、こころとからだって、どういうふうにつながっているのでしょう。

その謎を解くカギは、自律神経系の働きにあるんです。

次の図を見てください。

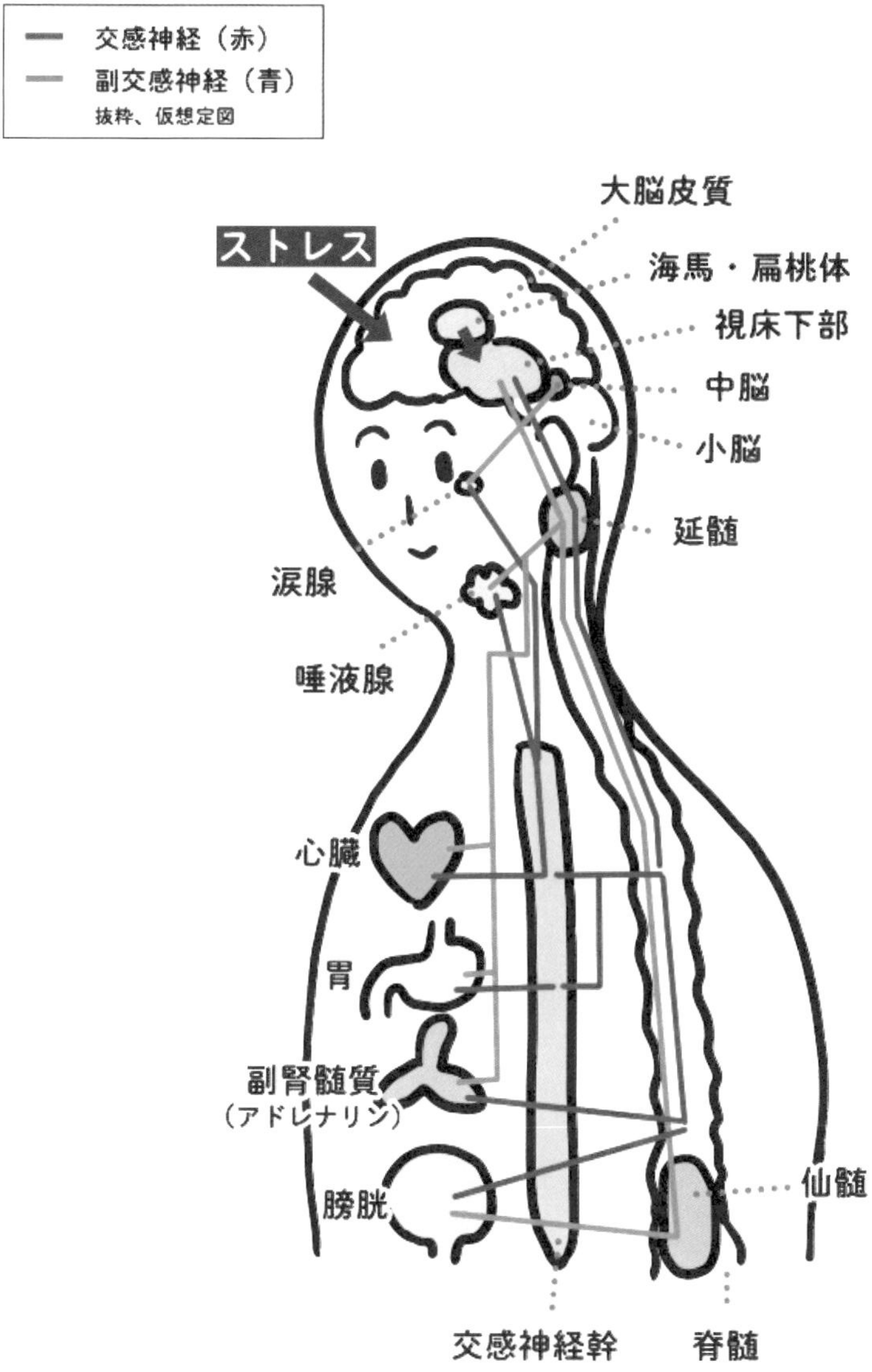

交感神経（赤）
副交感神経（青）
抜粋、仮想定図
ストレス
大脳皮質
海馬・扁桃体
視床下部
中脳
小脳
延髄
涙腺
唾液腺
心臓
胃
副腎髄質
（アドレナリン）
膀胱
仙髄
交感神経幹
脊髄

自律神経系は、血液の循環、呼吸、消化、発汗、体温調節、内分泌機能、生殖機能、代謝といった機能をコントロールしています。

自律神経系は、わたしたちの意思とは関係なく働いています。仮に、「心臓よ止まれ！」と命令しても、自分の意思で、心臓を止めることは、できませんよね。数日、食べずに過ごすことはできるけれど、「胃の動きを止めよう」と思っても止めることはできません。

このように、自分の意思でコントロールできない働きのことを、不随意運動といいます。

自律神経系は、わたしたちが意識しなくても、体内の環境をいつもコントロールしています。

交感神経系は、人間が太古の昔、生きる上で身を守るのに必要な機能を担っています。

昔むかし、わたしたちの祖先がマンモスに追いかけられていた時代。人間は、「生きるか、死ぬか」という、まさに命をかけた生活を送っていました。

天敵が現れたら「今すぐ逃げるか、戦うか」、瞬時に反応しなければ命を落とし、種を守ることができなかったのです。

猛獣に襲われたとき、ゆったり呼吸していたら、逃げそこねて、命取りになってしまいますよね。

危険を感じたら、即座に心拍数を上げ、筋肉を緊張させ、呼吸数を上げ、敵と戦い、自分の身を守る準備をする必要があります。

つまり、交感神経系が優位に働いている状態です。

逆に、食事をし、休養するとき、胃腸の消化活動は活発になり、筋肉はゆるみ、呼吸はゆっくりとなり、だんだん眠くなります。

このときは、副交感神経系が、優位に働いています。

このように、わたしたちのこころとからだの働きは密接に関係しているんですね。

現代でも、わたしたちが、不安、緊張、怒りを感じるときは、いわばピンチな状態、身の危険を感じるときです。つまり、「不安」という見えない敵と戦っている状態なんですね。

「あぁ、いやだなぁ、失敗したらみんなの前で大恥をかいてしまう」

そんなふうに、こころの中で、考えると、交感神経系は、原始時代のマンモスと同じように、ストレス場面を「身の危険」と察知するのです。

そうすると、危険から自分自身を守ろうと交感神経系が優位に働き、からだの反応は、心臓がドキドキしたり、呼吸が浅く、速くなったり、わき汗がじっとりと出てきたりします。

それでは、恋愛の場合はどうでしょうか。大好きなあの人と目が合うと、ギュッと胸が苦しくなる。デートの約束をしたら前日からドキドキ、そわそわ、頭がぐるぐる回って落ち着かなくなる。楽しいはずなのになぜこのような状態になるのでしょうか。恋愛中は、まだ相手のことを知らない状態です。相手の知らない一面を垣間見るときめき、自分に好意をもってくれているだろうかという不安や緊張。恋愛って、ドキドキ、ハラハラ、いわば緊張状態なんですね。ですから、交感神経が活発に働き、心臓がドキドキしたり、手に汗をかいたりするというわけなんです。ちなみに、お付き合いが続くうち、不安や緊張が、信頼感や安心感に変わると、交感神経が優位な状態から、副交感神経が優位な状態に変わり、こころもからだもリラックスできるようになります。決して愛情が減ったからではないのですよ。

人前で発表するとき、大好きなあの人と目が合ったとき、パートナーの浮気の証拠を見つけたときなど、場面は違うのに、同じように心臓がドキドキする……。

不安、興奮、怒りなど、感情はそれぞれ違っても、交感神経系が優位に立つという共通点がありますす。ですから、ドキドキ、息苦しいなど、同じような身体反応が現れるんですね。

ではここで、次の図を見てください。

認知行動療法の基盤となる認知モデル

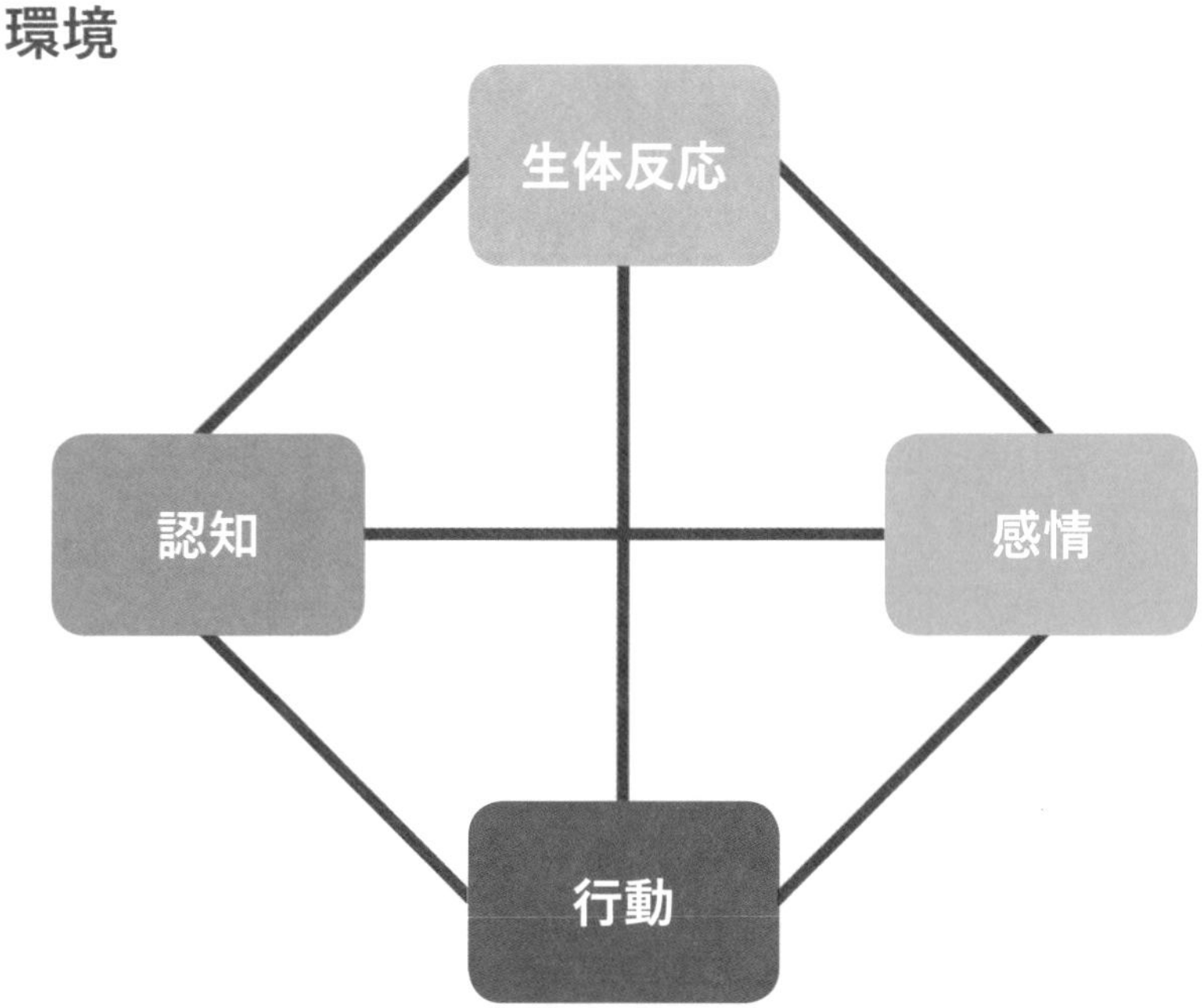

この図は、認知行動療法の基盤となる認知モデルです。

今お話した、こころとからだの関係と、認知と行動の関係を表した図です。これから認知行動療法をお伝えしていくための、基盤となる考え方です。

少し例を出して、丁寧に説明していきますね。

わたしたちは、環境の中で生きていて、環境からなんらかの影響を受けています。

家族、学校、職場、地域、さまざまな環境の中で、生活している様子を、この図では、大きな外側の円が示しています。

たとえば、あなたが、人前でプレゼン（発表）をすることになったとします。

あなたは、緊張して、心臓がドキドキして、手に汗をかくかもしれません。

「うまく発表できるかな」と、考えて不安になったり、「汗の量が多くて、緊張していることを他の人に知られるんじゃないかな。恥ずかしい」と、思うかもしれません。

そうすると、お腹が痛くなり、トイレにこもってしまうかもしれません。

この状況を、**【環境】【生体反応】【感情】【行動】【認知】**のカテゴリーに分けて整理すると、こんなふうに分けることができます。

そして、今、整理したものを図に表すと、次のようになります。

環境……………人前でプレゼンをする
↓
感情……………緊張
↓
生体反応………心臓がドキドキ、手に汗をかく
↓
認知……………「うまく発表できるかな」
↓
感情……………不安
↓
認知……………「汗の量が多くて、緊張していることを他の人に知られるんじゃないかな」
「恥ずかしい」
↓
生体反応………お腹が痛くなる
↓
行動……………トイレにこもる

認知行動療法の
基盤となる認知モデル

環境

人前でプレゼン

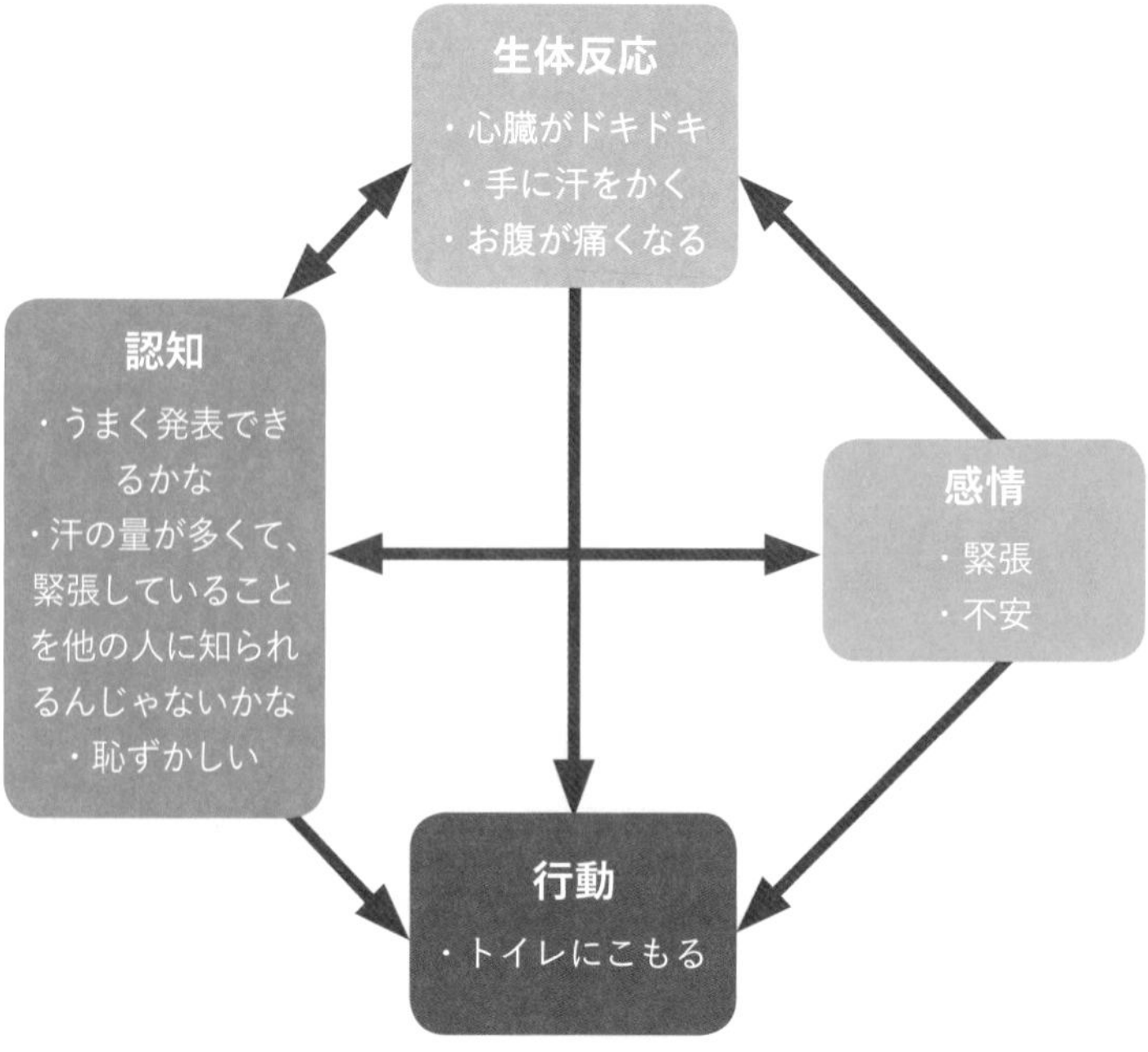

よく見ると、【生体反応】【感情】【行動】【認知】の４つの要素のあいだを、矢印「→」が行ったり来たりしているのがわかりますか。

こんなふうに、一つの場面を取り上げてみても、【生体反応】【感情】【行動】【認知】の４つの要素がお互いに関わりあっているんです。

わたしたちは、緊張すると、緊張をなんとか落ち着かせよう、落ち着かせよう、とします。でも、なかなかうまくいきません。かえって緊張することもあります。

わたしは、子どもの頃、音楽会や運動会の出番直前、緊張すると、手のひらに「人」という字を書いて、その空書きした「人」という文字をパクッと飲み込んでいました。「人を飲み込む」という、緊張したときのおまじないです。でも、おまじないの効果はむなしく、全然、緊張はとけませんでした。

心臓のドキドキも、汗をかくのも、お腹が痛いのも、いくら「良くなれ」「治れ」と念じたところで、なかなかうまくいきません。

【感情】や【生体反応】そのものを、コントロールするのは、実は、むずかしいことなんですよね。

けれども、さっきの図を見ると、【感情】や【生体反応】は、【認知】や【行動】と、それぞれがお互いに関係しあっています。

それなら、直接、【感情】や【生体反応】を変えようとしなくても、【認知】や【行動】を変えることができたら、間接的に、【感情】や【生体反応】を落ち着かせることができるのではないでしょうか。

これが、認知行動療法の基盤となる考え方です。【認知】や【行動】にアプローチして、症状や気分、感情の改善をはかるから、「認知行動療法」というんですね。

なんとなく、わかってもらえましたか？

まとめてみますね。「人前でプレゼンするとき、緊張して、心臓がドキドキしたり、汗をかいたりしているうちに、不安になって、お腹が痛くなり、トイレにこもる」という状況を

①まず【生体反応】【感情】【行動】【認知】の４つのカテゴリーに分けて整理してみましょう。

②そうやって、ひとつひとつ整理すると、状況を客観的にみることができますよ。

③次に【感情】や【生体反応】に直接アプローチするのではなく、【認知】や【行動】にアプローチしてみましょう。

④そうすると、症状や気分、感情を改善することができますよ。

ということです。

今は、おおまかなことがわかってもらえたら、それでＯＫです。

最初は、なんとなくややこしそうだなぁ、と思っても、やっていくうちに、だんだん「あぁ、そういうことか」とわかってきますからね。

それでは、実際にあなたが思い浮かぶ場面について、ひとつひとつ書き出してみましょう。

やってみよう

生体反応	感情	行動	認知

いかがですか。【生体反応】【感情】【行動】【認知】の4つの要素について、分けて書くことができましたか。

4つすべてを無理して書き込む必要はありませんよ。思い浮かばないところは、そのままあけておいてくださいね。

ここで、一つお伝えしておきたいことがあります。

最初、慣れないうちは、【感情】のところに、【認知】にあてはまる「考え」を書く人がとても多い、ということです。

たとえば、職場で、あなたに対して失礼な態度をとった上司がいたとします。

そのときのことを、あなたは思い出し、先ほどの「認知行動療法の基盤となる認知モデル」の図に、【生体反応】【感情】【行動】【認知】の4つの要素について、分けて書くことにしたとします。

こんな感じです。

生体反応

カーッと顔があつくなった

感情	理不尽なことでバカにされて腹が立つ
行動	書類をめくる動作が荒々しくなる パソコンのキーボードを強く叩きつけながら入力する
認知	

と、ここまで書きすすめて、いざ【認知】を書こうとすると、あれ?【認知】のところに何を書けばいいんだろう、思い浮かばないぞ、ということがたまに起こります。

これは、認知行動療法を始めて最初のうちは、【感情】と【認知】がうまく分化できず、ごちゃまぜに認識されていることが多いのが原因です。【感情】と【認知】を分けると、たとえば、次のページの図のように書くことができます。

実際にあなたが思い浮かんだ例を図に書き出しながら、あせらず、少しずつ慣れていってください。

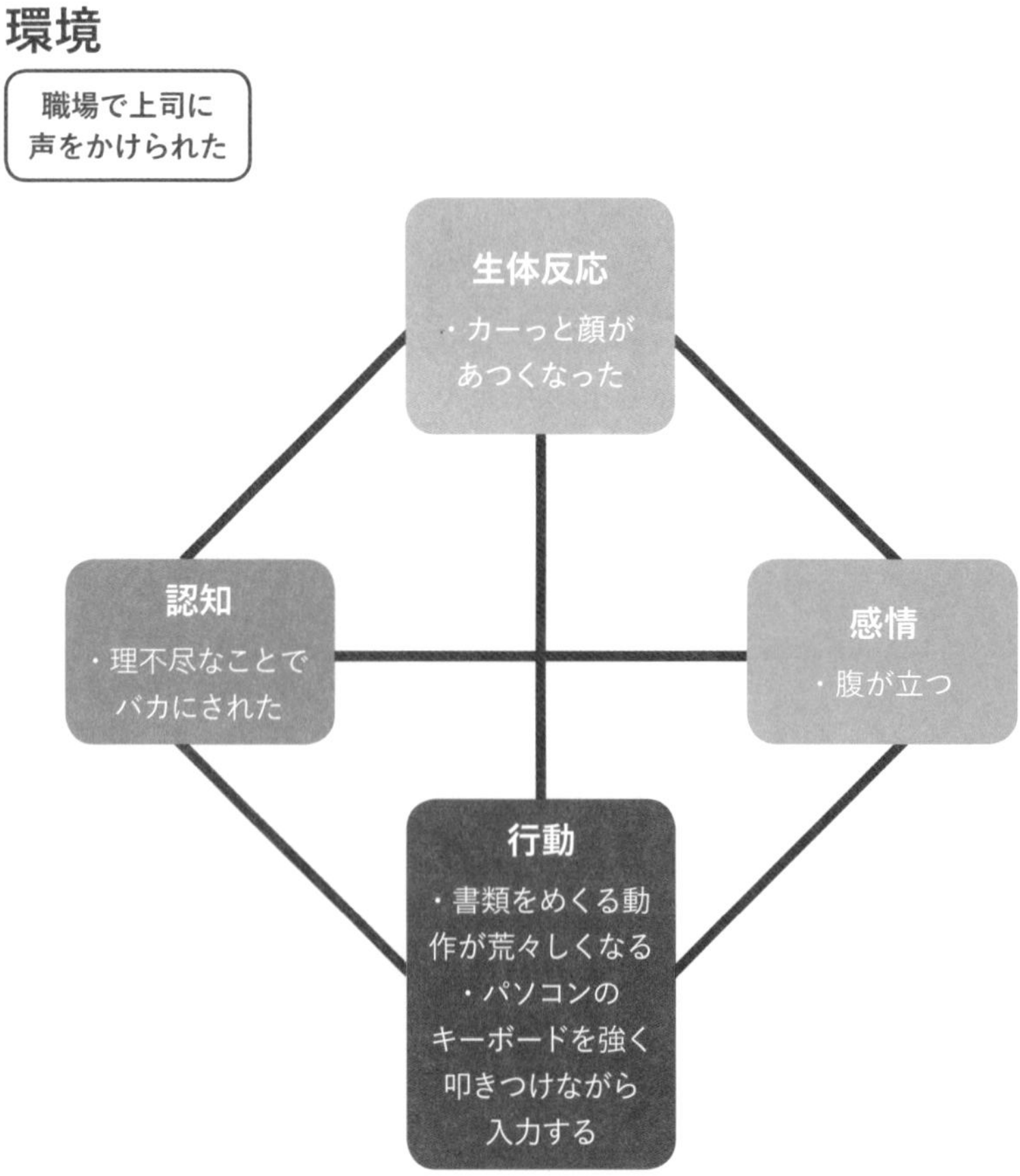
環境
職場で上司に声をかけられた
生体反応
・カーっと顔があつくなった
認知
・理不尽なことでバカにされた
感情
・腹が立つ
行動
・書類をめくる動作が荒々しくなる
・パソコンのキーボードを強く叩きつけながら入力する

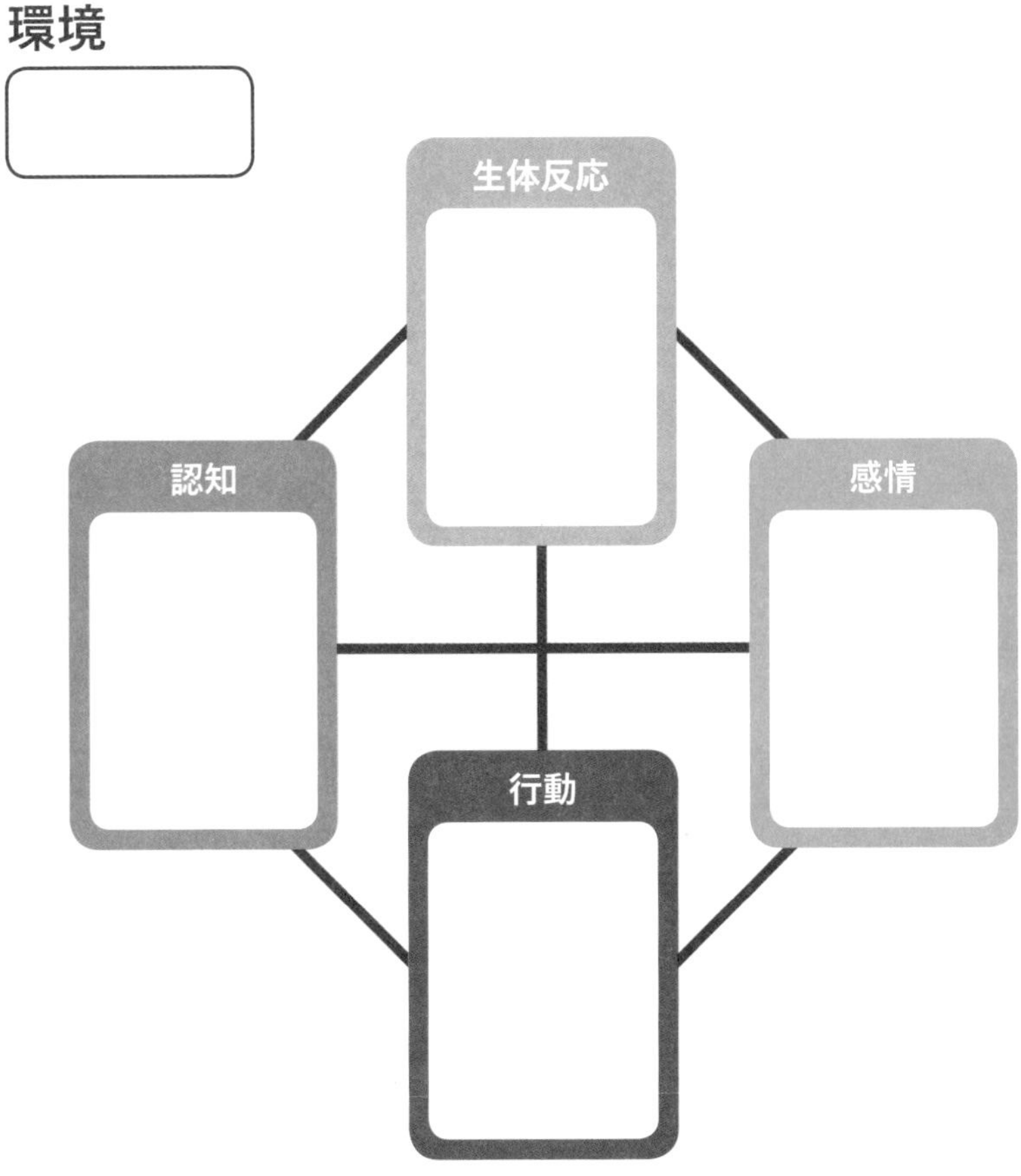
環境
生体反応
認知
感情
行動

認知とは——ものごとのとらえ方・考え方

わたしたちは、不快な感情を抱いたとき、よく「もやもやする」と言ったりします。今、あなたが抱いている「もやもや」した気持ちを表す言葉は、次のうちどれでしょうか。一緒に探してみましょう。

たとえば、

- 「むなしい」　・「ゆううつ」　・「屈辱」　・「興奮」
- 「悲しい」　・「うんざり」　・「心配」　・「緊張」
- 「恥ずかしい」　・「みじめ」　・「恐怖」　・「つらい」
- 「傷ついた」　・「無力感」　・「パニック」
- 「がっかり」　・「罪悪感」　・「怒り」
- 「不安」　・「くやしい」　・「イライラ」

いろんな感情があると思います。

もちろん、「快」の感情を表す言葉もありますね。一緒に探してみましょう。

・「うれしい」　・「おだやか」　・「元気」
・「楽しい」　・「ゆったりする」　・「前向き」
・「わくわくする」　・「安心」　・「落ち着く」
・「しあわせ」　・「やる気がでる」

まだまだあるかもしれませんね。

認知行動療法は、感情や認知を言語化して書き出し、客観的に検証する方法です。ですから、「モヤモヤした気持ち」と表現するのももちろんＯＫですが、いろんな感情表現の具体的な言葉を知っておくと、そのときのあなたの感情に合う言葉を選ぶことができ、認知行動療法をスムーズに進めやすくなります。

これから、認知行動療法を進めるにあたって、自分の感情をどう表現してよいか迷ったときは、このページへ戻り、ぴったりくる言葉を選ぶようにしてくださいね。

さて、「あなたの感情はどこから?」というお話をしたときに、「あなたの感情は、あなたの考え方からやってくる」とお伝えしました。覚えていますか。

わたしたちの感情や行動、そして、からだの反応は「認知」、つまり、ものの考え方やとらえ方の影響を受けるということです。

「でも、あれ?」

「いやいや、ちょっと待って」

「そもそも『認知』ってなんなの?」

「『認知』って、認知症の認知のこと?」

と、疑問に思う人もいらっしゃいますよね。

認知行動療法でいうところの「認知」を説明するとき、わたしは、「頭の中にふっと浮かんだイメージ」とか「こころの中でつぶやいたひとりごと」とお伝えするようにしています。

たとえば、もしも、あなたが健康診断で「再検査」の通知を受け取ったとしましょう。

あなたは、とっさにどんなことが頭をよぎりますか?

再検査で病気が見つかり、仕事を休んで、入院して、ついに最期を迎える…、そんなイメージを浮かべる人がいるかもしれません。

あるいは、

「うわっ、めんどくさいなぁ」

「再検査、って仕事をまた休まなくちゃいけないのか。上司に言いづらいな」

と、考える人がいるかもしれません。

このように、自分が入院している姿が、映像のように、とっさに頭の中に浮かぶ視覚的イメージや、「うわ、めんどうくさいなぁ」というような、こころの中のつぶやき、こころの声のことを「認知」と呼んでいます。

「認知」は、その場の状況に応じて、考えようと思わなくても素早く出てきて、意識しなくても勝手に浮かんでくるので『自動思考』ともいいます。

それからもう一つ、認知行動療法では『スキーマ』という認知を扱います。

わたしたちは、子どもの頃から親のしつけや、大人からいつも言われたこと、学校の先生が言っていたこと、ほめられて嬉しかったこと、大成功して認められたこと、逆に、大失敗をして恥ずかしい思いをしたこと、いじめられたことなど、いろんな経験をして、生きてきました。

あなたは、自分の人生を生きてきた中で、あなたなりの「価値観」「人生観」を築いてきました。その「価値観」や「人生観」は、過去に体験した経験から裏付けされています。

あなたの中には、「普通、こうでしょ」「そうするのが当たり前」という「信念」がいくつかあるはずです。

たとえば、

「人に会ったら挨拶するのが普通でしょ」

「人に迷惑をかけたら、ごめんなさいと言うのが当たり前でしょ」

「あまり親しくない人には、余計なことは言わずに黙っておくほうがいいに決まってる」

「何事も、一生懸命やることが大切なのであって、結果は二の次でいい」

「どんなにがんばっても、結果が出なければ、意味がない」

このように、「当たり前」は、どの人にも一律で通用するものではありません。人それぞれです。

アイデンティティ、自己概念に関する「信念」も人それぞれです。

「わたしはダメな人間なんだ」

「どうせ、何をやってもうまくいかない」

「わたしは誰からも愛されない」

「わたしはどんなときでも、ものごとは完璧にしなければならない」

「わたしはそれなりにやっていける」

「世の中、なんとかなるさ」

いろんな「思い」や「信念」がありますね。

このような「価値観」「人生観」「信念」を『スキーマ』、もしくは『コアビリーフ』とよびます。

あなたの『スキーマ』は一つではありません。あなたの『スキーマ』を知るためには、あなたが人生を生きてきた過程をより詳しくうかがう必要があります。

あなたは、小さい頃どんな子どもでしたか。親は、どんな親でしたか。家庭はどんな環境でしたか。小学校、中学校、高校とどんな学校生活を送りましたか。友人関係はどうでしたか。大きな怪我や病気をしたことがあるとか、引っ越しを何度もしたことがあるとか、人生を振り返ったときの、さまざまなエピソードをおうかがいする必要があります。そうした人生の経験から、あなたなりの「人生観」「信念」が生まれるのです。

「他人は信用できない」

「世間は捨てたものではない」

「世の中は悪い人だらけだ」

「困難な状況にこそ実は『チャンス』はある」

いろんな「価値観」があって、当たり前。人が生きてきた分だけ、『スキーマ』があるのです。

わたしたちは、何か、できごとがあると、この『スキーマ』を通して、瞬間的に『自動思考』を生み出します。

たとえば、あなたは「どうせ自分なんて…」という考え方が、クセになっていませんか？

抑うつ状態にある人が陥りやすい、「どうせ自分なんて……」という考え方。「どうせ自分なんて、いてもいなくても、どっちでもいい存在だ」という『スキーマ』をもっていると、何かものごとが起きたときに、

「何をやっても、どうせ無理だ」

「どうせ失敗するのだから、最初からやらなきゃいい」

「別に、どうでもいい」

という『自動思考』が生まれやすくなります。

あなたは、自分の可能性を否定したり、自分の存在価値を否定したりしていませんか。

あなたが、こころの奥底でなんとなく持ち続けている『スキーマ』や、あるできごとに反応してわき起こる『自動思考』。どんなひとりごとをこころの中でつぶやいているか、どんなイメージが頭の中にわき起こったか、客観的に気づけるようになるといいですね。

なにも最初から『スキーマ』を探す必要はありませんよ。認知行動療法を進めていくうちに、だんだん、あなた自身が気づくようになりますので、今は「人生観」や「価値観」のことを『スキーマ』と呼ぶのだな、と知ってもらえればそれで十分です。

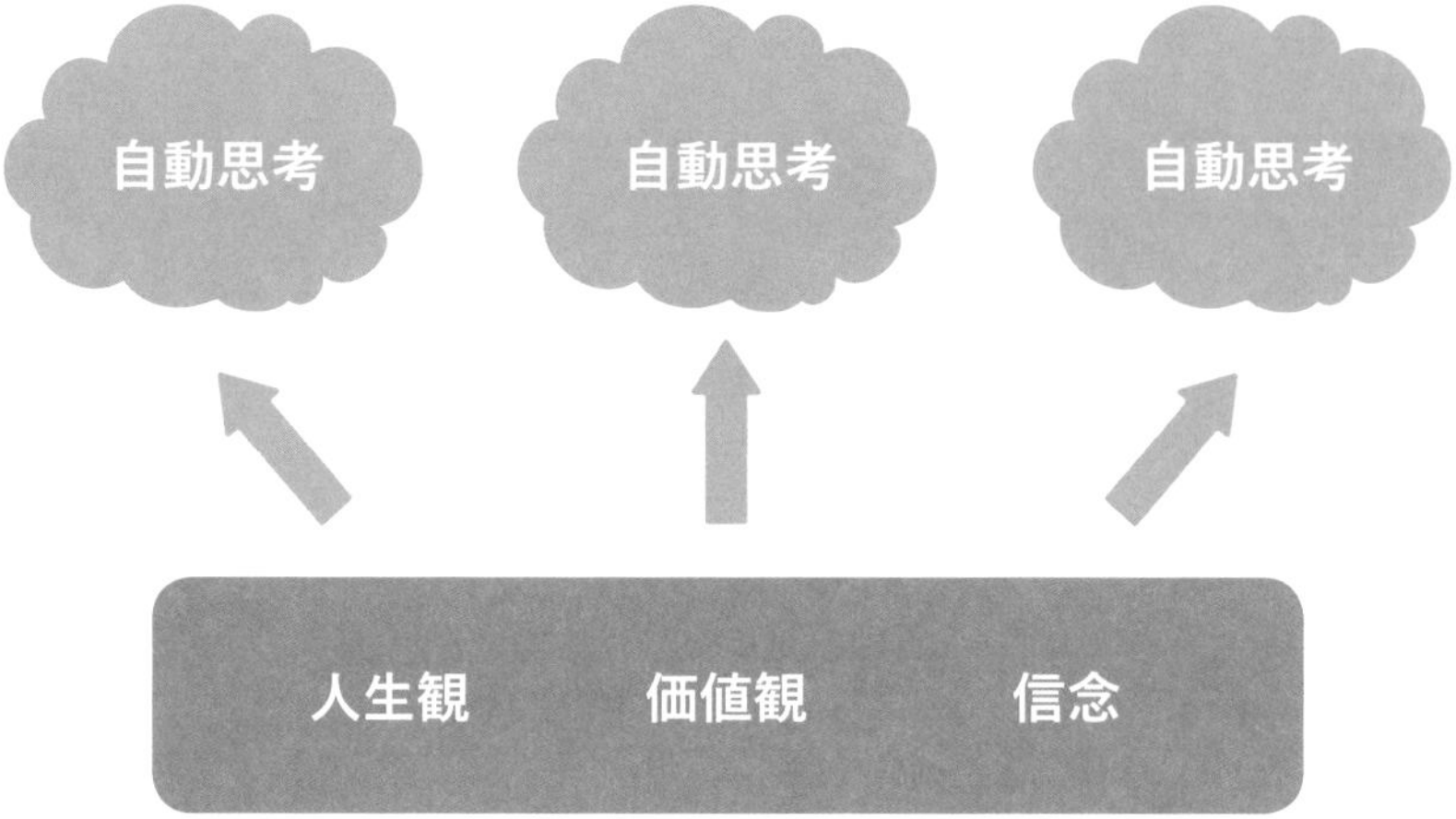

スキーマ（コアビリーフ）

やってみよう

自動思考 ──よく頭の中でつぶやくひとりごとをいくつか書き出してみよう

スキーマ ──自分の「当たり前」、人生観、価値観をいくつか書き出してみよう

あなたの「考え方のクセ」は？

「認知」がどういうものか、わかっていただけましたでしょうか。

わたしたちは、よく、認知パターンのことを「考え方のクセ」と言ったりします。

これから、いくつか「考え方のクセ」としてよく見られる思考パターンをご紹介します。

あなたは、どの思考パターンに近いでしょうか。

「あ、これ、自分のことかも！」

「わたしと同じだ！」

と気づかされる思考パターンがきっといくつか見つかるはずです。

一緒に探してみましょうね。

●二分法的思考

不登校のお子さんとお話すると、「途中から教室に入るのは嫌だ。学校に行くなら、朝から登校したい。遅刻するくらいなら、学校を休んだ方がましだ」という声をよく聞きます。

やるなら完璧にしないと気が済まない、それができないなら、最初からやらない方がましだ、という考え方。「良い」か「悪い」か、「白」か「黒」か、「ゼロ」か「100」か、どちらかというように、ものごとを過度に二者択一のものとしてとらえる傾向にある考え方のことを『二分法的思考』といいます。

わたしは、よく「シロクロ思考に入っていますね」とか、「その考え方って、ゼロ百のパターンですよね」というふうにお伝えしています。

シロクロ、ゼロ百思考の人は、今日からこんなふうに自分に言い聞かせてみてください、

「100点じゃなくてもいいんだよ」

「白でもない、黒でもない、グレーだって、いいんだよ」

「結果がすべてではないんだよ。がんばったなら、それでいい」

こんなふうにいうと、きっとあなたは「そんな中途半端なことが許されるもんか。それでいいわけがない」と反発することでしょう。そのくらい強い信念として、考え方のパターンがあなたにしみこんでいるのです。自分にとっては「当たり前」のような信念も、実はあなたを苦しめる認知パターンなのかもしれません。取り組む最初のうちは、自分を甘やかしているようで、落ち着かないかもしれませんが、「少しでもいい」「部分的にOK」という考え方に変えていけたらいいですね。

●過度の一般化

子どもの頃に、自転車に乗れなかったから、自分は「運動神経が悪いんだ」と思い込み、それからというもの、スポーツ全般が苦手と決めつけている、そんな人はいませんか。

一つのできごとが、あらゆる状況や特徴を代表するとみなす考え方を『過度の一般化』といいます。

たとえば、主婦の方が、たった一回ハンバーグを焦がしてしまったからという理由で、「料理を失敗するということは、わたしは主婦失格だ」と、ふさぎこむような例が当てはまります。

冷静に考えたら、たった一回ハンバーグを焦がしただけで、主婦失格とはいいがたいですよね。

この思考パターンに陥りがちなあなたは、自分の考えについて一度、このように検証してみてください。

「本当にそうだろうか」と。

「自転車に乗れないからといってスポーツ全般ができないわけではないよね」

「料理がうまくいかないからといって、主婦失格とは限らない」

このように、『過度に一般化』したものごとについて、「本当にそうだろうか」「自分の決めつけや思い込みではないか」と、もう一度、冷静に振り返ってみてください。自分の固定観念に気づくかもしれませんよ。

●選択的抽出

できていることやポジティブなことは無視して、できなかったこと、ネガティブなことばかり取り上げる考え方を『選択的抽出』といいます。

「今日も営業で失敗ばかりだ」。本当は、お客様にほめられた場面もあったのに、うまくいかないことばかりに気を取られて、良かったことは、すっかり忘れていたり、まったく気がつかないような思考パターンです。

悪い側面ばかりを取り上げて、責めたり落ち込んだりする考え方のことをいいます。

この思考パターンに陥りがちなあなたは、がんばっていること、できていること、良い側面に目を向け、ポジティブなできごとを探してみましょう。

そして「がんばってるね」と、自分を認める練習をしましょう。

●読心術

「こんな報告書を提出したら、きっと上司は僕を左遷するだろう」

相手の態度や行動を、何の根拠もなく決めつけてしまう思考パターンのことを『読心術』といいます。

「きっとお母さんは、わたしの話など聞いてくれないだろう。むしろ、説教されるだけだ」など、頭の中で、相手の反応や態度を勝手に想像して、決めてかかること、ありませんか。

先のことは、やってみないとわからないものです。相手の気持ちなら、なおさらのこと。何もしないうちから勝手に決めつけてしまわずに、まずは、行動してみましょう。相手と話してみましょう。

●自己関連づけ

人が集まって何か話をしていたら、「きっとあの人たちは、自分の悪口を言っているにちがいない」と考える思考パターンのことを『自己関連づけ』といいます。

ミーティングで上司が、小言を言い出すと、「僕が要領悪いから、上司の機嫌が悪いんだ。僕のせいだ」というふうに、なんらかの問題はいつも自分が関わっていると考えてしまう、そんな考え方のクセをもっていませんか。

誰かが、コソコソ話をしていたら、話の内容は聞こえないのに、「きっと自分のことを話している」と、周りの人の言動と自分を関連付ける人はいませんか。

世の中の人は、結構、自分のことで忙しくて、意外とあなたにばかり関心を寄せているわけではありません。あなたが思っているよりも、案外、周りの人は、あなたのことをそんなに気にしていないのかもしれませんよ。考え方を変えるコツとしては「他の人は、自分のことをそんなふうに思っていないかもしれない」「自分の思い過ごしかもしれない」と考えてみるようにしましょう。

●マスト思考・べき思考

「時間に遅れてはいけない。遅れるときは必ず相手に一報入れなければいけない」
「年下の者は、年上の者の言葉を素直に聞くべきだ」

自分や他人の行動に対して、絶対的な義務感が生じている、「ねばならない」という考え方のことを英語の「must」から『マスト思考』、あるいは、「〜するべき」という考え方から『べき思考』と呼んでいます。

人は、それぞれ、さまざまな「べき」をもっています。そのルールや規律といったものは、自分自身にも向けられますし、他人に対しても向けられます。

ですから、『マスト思考』の強い人は、自分のことを厳しく制しますし、相手に対しても、厳しく目くじらをたてることが多くなります。いつも、キリキリ、ピリピリ、がんじがらめになる人は、一度、自分がどんな『べき思考』をもっているのか、書き出してみるのもいいですね。

そして、「まぁ、いっか」とおおらかに受け止める練習をしていきましょう。

●破局視

「絶対ムリ、できるわけない」

なんの根拠もなく、過度に最悪な結果に陥ると考える認知パターンのことを『破局視』といいます。

「失敗するかもしれない」ではなく、「絶対、失敗するに決まっている」という確信に近い考え方です。

常に、最悪のパターン、最悪の結末が、頭の中でありありと明確なイメージとして浮かんでくる方が多いです。

こんな方には、「失敗しないかもしれない」というふうに考え方を変えるよりも、「むしろ、失敗しちゃいましょう」と逆説的に伝えることがあります。

失敗するということは、自分が苦手なことにチャレンジしたという証拠です。

たとえ、結果がうまくいかなかったとしても、「思い切ってチャンレジできてよかった」「自分自身は、なんとか生きていける」「思っていたほど、大変なことにはならなかった」、と思えるように声かけしています。

たいていの場合、実際には失敗することもなく、うまくいくことが多いですよ。

●過小視

「おむつを替えたり、ミルクをあげたり、着替えをさせたり、赤ちゃんのお世話をすることは、母親として当然のことをしているまでで、偉くもなんともない」

「テストで１００点取ったのは、問題が簡単だったからで、自分の実力がすごいわけでもなんでもない」

できたことは当たり前、大したことではない、とポジティブな結果の重要性を軽視する思考パターンを『過小視』といいます。

いいえ、当たり前じゃないんです。あなたは、よくがんばっているんですよ。

『過小視』パターンのあなたは、自分をほめるのが苦手ですね。

「こんなことで自分をほめるなんて、自分に甘すぎる」

「全然がんばってないのに、大したことないから」

と、こころの底から、自分のことを過小評価するクセがついています。

ですから、最初は、「?·」をつけながら、自分をほめる練習をしましょう。

「よくがんばってえらい…かな?·」という感じです。本当に、こころからがんばってる、と思えなくてもかまいません。少しずつ、ほめる練習をしていきましょうね。

いろんな「考え方のクセ」をあげましたが、あなたはいくつ当てはまりましたか。一つに限らず、いくつか当てはまる思考パターンがあったと思います。

あなたの感情は、あなたの認知、つまり考え方やとらえ方から生まれる、と前にお話ししました。

あなたが、不安になったり、落ち込んだり、緊張したり、投げやりになったりするとしたら、それは、あなたの考え方が、そうさせているのです。

その「考え方」や「とらえ方」が、抑うつ感情や不安、緊張を引き起こしているんです。

これらの考え方は「クセ」ですから、自分では気づかない、知らず知らずのうちに、ついつい考えていることが多いです。気がついたら考えて、いつのまにか落ち込んでいる、という具合です。それが、あまりにも自分の中では、当たり前のことのように起きているので、改めて確認するまでは、なかなか気づかないことも、よくあります。

ですから、まずは、あなた自身の「考え方のクセ」がどんなパターンなのか、知っておく必要がありますね。

どんな人にでも、その人特有の「考え方のクセ」というものはあるものです。「クセ」があったらいけないとか、ダメとか、そういうことではありません。

「考え方」というものは、あなたが「変えたい」と思うならば、変えたらいいし、そのままにしておきたいと思うなら、そのままにしておいてもいいんです。変えるのも変えないのも、あなたの自由。

ただ、「考え方のクセ」を知っておくことで、知らず知らずのうちに、落ち込んだり不安になっていた自分から、一歩、抜け出すことができる、と考えてください。

あなたが自分の「考え方のクセ」に気づくことで、解決の糸口を見いだせるのです。

ではここで、自分のあてはまる「考え方のクセ」に☑を入れてみましょう。枠の中には自分がよくつぶやく考えを書き入れましょう。

やってみよう

□二分法的思考〔ものごとを過度に二者択一のものとしてとらえる傾向にある考え方のこと〕

□過度の一般化〔一つのできごとがあらゆる状況や特徴を代表するという考え方〕

□選択的抽出〔ポジティブなことは無視して、ネガティブなことばかり取り上げる考え方〕

□読心術〔相手の態度や行動を、何の根拠もなく決めつけてしまう思考パターンのこと〕

□自己関連づけ〔なんらかの問題はいつも自分が関わっているという考え方〕

やってみよう

□マスト思考・べき思考〔個人や他人の行動に対して、絶対的な義務感が生じている考え方〕

□破局視〔なんの根拠もなく、過度に最悪な結果に陥ると確信する認知パターン〕

□過小視〔ポジティブな結果の重要性を軽視する思考パターン〕

第2章

症例別アプローチ編

認知行動療法をやってみる

《パニック症》――スモールステップであせらずチャレンジする

ここまで、認知行動療法の基盤になる部分をお伝えしてきました。大きく二つあります。

①一つのできごとに対して、【生体反応】【感情】【行動】【認知】の４つの要素がお互いに作用しあっていること

②感情の強さを客観的にとらえ、数値で表すこと

認知行動療法は、客観的視点を大切にします。最初は、感情を数値で表すなんて、と思うかもしれませんが、機械的にとらえないで、自分自身の気持ちと語り合いながら進めてくださいね。

さて、認知行動療法は、「認知」も扱いますが、「行動」にも着目してアプローチします。

認知をメインに扱うか、行動をメインに扱うかは、あなたの症状や認知行動パターン次第。

認知も行動もどちらも扱いますが、比重は効果のある方、取り組みやすい方を選べばいいのです。

ここでは、パニック症へのアプローチについて詳しくお伝えしていきますね。パニック症へ

は、さきほどお伝えしたこの二点をうまく活用して実践を行います。

●パニック症

パニック症とは、突然理由もなく、動悸やめまい、発汗、窒息感、吐き気、手足の震えといった発作を起こし、そのために生活に支障が出てくる状態をいいます。

このパニック発作は、死んでしまうのではないかと思うほど強くて、自分ではコントロールできないと感じます。

そのため、「また発作が起きたらどうしよう」と不安になり、発作が起きやすい場所や状況を避けるようになります。とくに、電車やエレベーターの中など閉じられた空間では、「逃げられない」と感じて、外出に支障がでることがあります。

「電車内で呼吸が苦しくなって、そのまま倒れたらどうしよう」
「特急や快速電車は緊張する」
「トンネルが怖い」
「橋が怖い」
「地下鉄はちょっと避けたい…」

パニック症で電車が苦手な方は結構いらっしゃいます。車ですと、高速道路や橋、トンネル、助手席に人が乗っているかどうか、いろいろ気になる方が多いです。

船や飛行機なんて、もってのほか。

ほかにも、エレベーターやショッピングセンター、高層ビルなど、人によって苦手な場面はさまざまです。

苦手な場面になると、心臓がドキドキしたり、呼吸が苦しくなったり、汗びっしょりになったり、「倒れてしまうのではないか」という恐怖でいてもたってもいられなくなります。

「誰か一緒にいてもらわないと心配でたまらない」という人が多いですが、「相手に気を遣うからひとりでいたい」という方も少なからずいらっしゃいます。

たいていの人は「行き」が苦手で、「帰り」は少し気楽になるようです。

外出先でパニック発作が起きることが不安なので、外出するのを避けようとします。

体調不良で、電車に乗っている途中、偶然、過換気症になった、とか、過敏性大腸炎で、お腹が緩くなってトイレに駆け込むことがあった、とか、過去に身体症状を経験したことがきっかけとなってパニック症となった方も多いです。

逆に、一度も身体症状を経験したことがないにもかかわらず、「もし、大変なことが起きたら、どうしよう」と考えて、パニック症を引き起こす方もいらっしゃいます。

そんな方に、認知行動療法は、おススメです。

●予期不安

パニック症の方は、いざ、乗り物に乗ることを考えると「電車のドアが閉まると、自由に乗り降りできなくなってしまう」「万が一、体調が悪くなったときに、降りられなかったらどうしよう」と、不安が高まり、緊張状態に陥ります。

まだ、何も症状が起きていないうちから、「大丈夫かな」「もしもパニックになったらどうしよう」と不安になるのです。

この不安のことを、『予期不安』といいます。

「予期不安って何？」という方のために、もう少しお伝えしますね。

あなたは、お化け屋敷は好きですか。薄暗い通路を、そろり、そろりと歩くとき、ビクビクするのはなぜでしょうか。それは、「お化けが出てくるかもしれない」と考えるからです。物陰や、柳の枝があれば、なおさら。「出るかも」「あそこにいるかも！」そう考えて「怖い、怖い」と自分から恐怖を作り出していませんか。

まだ、起きてもいないのに（お化けはまだ出てないのに）「恐怖」「不安」というできごとが「きっと起きるに違いない」と先回りして考えて勝手に自分の方から不安になる。これを『予期不安』といいます。

たとえば、

「電車の中で具合が悪くなって、周りの人に迷惑をかけたらどうしよう」

「扉が閉まったら次の駅まで降りられない。走行中に息ができなくなったらどうしよう。すぐに降りられないから、どんどん苦しくなりそう」

「お腹が痛くなって、トイレが我慢できなくなったらどうしよう」

まだ起きてもいないことなのに「もしも」と考えて、先回りして心配しているうちに、緊張したり、不安になったりするのです。

緊張したり、不安になると自律神経の交感神経系が優位になり、本当に心臓がドキドキしたり、お腹が痛くなったり、息が苦しくなったり、つまりパニック発作が誘発されます。

過去に過換気発作を起こしたことがあって、苦しかった記憶があるとか、実際に何度もトイレに駆け込んで、今までに大変な思いをしてきた方なら、考えようと思わなくても自然と『予期不安』が起きてしまうのは当然のことです。

わたしたちの身体は、太古の昔、マンモスと戦っていた時代から、ピンチに備えて身体を守る交感神経系の働きが作動するようにできているのですから。

考えようと思わなくても、勝手に、無意識に、考えてしまっている思考のことを『自動思考』といいますが、これは、あなたの頭の中で一瞬浮かぶ、「こころの声」のようなものです。

まさに「本当に大変なことが起きるに違いない」というイメージ、実際に倒れそうになっている場面が視覚的イメージとして映画のワンシーンのように頭に浮かぶこともありますが、これも『自動思考』の一つです。

「パニック発作が起きて電車に乗れないのではないか」「もしも途中でしんどくなったらどうしよう」という『自動思考』が、『予期不安』となり、移動のことを考えた時点で心配になります。そして、「やっぱり旅行は中止しよう」「今回はやめておこう」と回避するのです。

でもね、ちょっと待って。

あなたにとっての「最悪な事態」は、まだ何も起きていないのです。

『予期不安』は、あくまでも「予期」であって、今後、必ず起こりうる「確定事項」ではないのです。

「もしかしたら、無事に何事もなく、スムーズに乗れるかもしれない」

ですから、『予期不安』が起きたときは、今、自分を不安にさせている考えが、「もしも～だったら、どうしよう」という最悪の事態を想定した「仮定」であることに気づいてほしいのです。

「もしも」が、自分自身が頭の中で作り上げた最悪な「イメージ」でしかないことに気づいたとき、少し冷静に受け止められるのではないでしょうか。

そして、「もしかしたら、うまくいくかもしれない」「まだ、大変なことにはなってないのだから、とりあえず行ってみよう」「もしも体調が悪くなったとしても、きちんと対処できるから大丈夫」と考えてください。

「大変なことが起きそうだから、最初からやめておこう」というように、苦手な場面を回避しないでほしいのです。

パニック症に対するアプローチでは、いきなり強度な不安場面にチャレンジする必要はありません。少しずつでいいのです。ちょっとがんばれば行けるかな、くらいの場面に近づいてみましょうね。

●リラクセーション

ところで、あなたは、なんらかのリラクセーション法を一つでも実践したことはあるでしょうか。

呼吸法、漸進《ぜんしん》的弛緩《しかん》法、自律訓練法、瞑想、なんでもいいのです。

パニック症は、【生体反応】【感情】【行動】【認知】の4つの要素のうち、【生体反応】の要素が関わっています。心臓がドキドキする、めまいがする、汗がびっしょり出る、息が苦しい、吐きそう、など交感神経系が優位になるときの身体反応です。この、交感神経系の働きを抑えるためにリラクセーションを用いるのです。

前にも、お伝えしましたが、自律神経系の働きには、交感神経系の働きと、副交感神経系の働きがあります。

交感神経系の働きは心拍数を上げる、筋肉を緊張させる、呼吸数を上げる、発汗させる、などがあります。パニック発作そのものですよね。

今、パニック発作を抑えるために、交感神経系の働きを抑え、副交感神経系の働きを優位にすればいいと思いませんか。

自律神経系は、交感神経系と副交感神経系を同時に働かせることはできません。

交感神経系が優位の場合は、副交感神経系の働きは抑えられ、反対に、副交感神経系の働きが優位の場合は、交感神経系の働きが抑えられます。

ですから、副交感神経系の働きを優位にするためには、胃腸の消化活動をうながし、筋肉をゆるめ、呼吸をゆっくりすればよいのです。

これを『不安拮抗《きっこう》反応』といいます。

つまり、心臓がドキドキ苦しいときに、「落ち着け！」「心臓のスピードをゆっくりにしたい」と思っても、なかなかうまくいきません。けれど、リラックスすることで、副交感神経系が優位になると、おのずと心拍数は下がり、気持ちが落ち着きます。

あなたは、自分なりのリラックス方法を、いくつかもっているでしょうか。

わたしは、認知行動療法の臨床場面で、「パニック発作が起きたとき、落ち着くためにあなたがしていることが、何かありますか」と聞くようにしています。

すると、「音楽を聴く」と答える方が多いです。好きな音楽を聴くと、副交感神経系の働きが優位になり、リラックスすることで、パニック発作を軽くすることができるから、理にかなっていますね。

わたしはいつも、パニック症の方には、この不安拮抗反応の話をして、音楽を聴く以外に、副交感神経系を優位にする方法をいくつか知っておくことが役に立つとお伝えしています。

飲み物を少し飲むのもいいですよね。ガムをかむのもいい方法です。

ツボを押す方もたまにいらっしゃいます。手首の横じわの小指側の、少しくぼんだ場所にある神門《しんもん》というツボに、親指を当てて残りの指で手首をつかみ、「痛気持ちいい」程度の強さで押すのだそうです。

また、手の甲側、親指と人さし指の骨の分かれ目の、やや人さし指側にある合谷《ごうこく》というツボを刺激することで、気持ちが落ち着き、徐々に平常心を取り戻すことができるようです。

みなさん、いろいろ、工夫されていらっしゃいますね。

そこで、わたしからは、「呼吸法」と「漸進的弛緩法」をお伝えしたいと思います。

「呼吸法」を使ってゆったりと呼吸することで、また、「漸進的弛緩法」で筋肉をゆるめることで、副交感神経系の働きを優位にする作戦です。

●呼吸法

呼吸法では、自律神経系の副交感神経系が優位に働き、自律神経のバランスが整うことで、睡眠の質や腸内環境の改善、ストレスの緩和など、さまざまな効果が期待できます。

また、深い呼吸により、身体がリラックスして血流や新陳代謝が良くなり、冷え性や肩こりの改善、免疫力の向上といった効果も期待できます。


まず、口から、ふ〜っと細く長く、蜘蛛の糸を吐き出すように、息を吐き出します。体中の空気を押し出すように、長く息を吐き出してみましょう。

体中の空気を全部、出し切ったら、鼻から、自然に空気が入ってきます。そのまま4秒かけて吸って、4秒息を止めます。そして8秒かけて口からゆったりと吐き出します。

鼻呼吸のできる方は、4秒で鼻から楽に吸って、4秒息を止めて、8秒で鼻からゆったり吐き出します。

そのままゆったりと続けてみましょう。

鼻呼吸の苦しい人は、口からでかまいません。

過換気症の方は、鼻呼吸なんてしている余裕はありませんよね。呼吸が浅く速くなってくると思いますので、息を吐き出す方に重点を置いて、口から長く吐き出すことを続けてください。「フー」と声に出しながら長く吐き出すのもいいです。背中から息をしぼり出すように、できるだけ長く吐きましょう。

パニック発作が起きると、気持ちが動転して、あせります。そんなときでも「呼吸法」があるから大丈夫、と思えるように、普段から練習しておいてください。

４秒で吸って、４秒息を止めて、８秒で吐くので、「４・４・８呼吸法」といいます。


鼻呼吸については、最近、脳科学的検証が進められています。

２０１６年、ノースウェスタン大学のクリスティーナ・ゼラノ博士らのグループは、呼吸によって認知機能に違いがあると発表しました。てんかん手術前の７人の患者を観察したところ、鼻呼吸のリズムと、脳の海馬と扁桃体の波長が、よく同期していたそうです。口呼吸の場合は、この同期が見られませんでした。

海馬といえば、大脳辺縁系の一部で、脳の記憶や空間学習能力に関わる器官です。心理的ストレスを長期間受け続けると、コルチゾールの分泌により、海馬の神経細胞が破壊され、海馬が萎縮するといわれています。また、扁桃体は、不安や恐怖などを感じたときに活動する器官です。

つまり、鼻呼吸は、記憶や不安恐怖の感知に関係していることがわかったのです。鼻呼吸をすることによって、不安や恐怖を軽減できるとなれば、ぜひ日常的に意識していきたいですね。

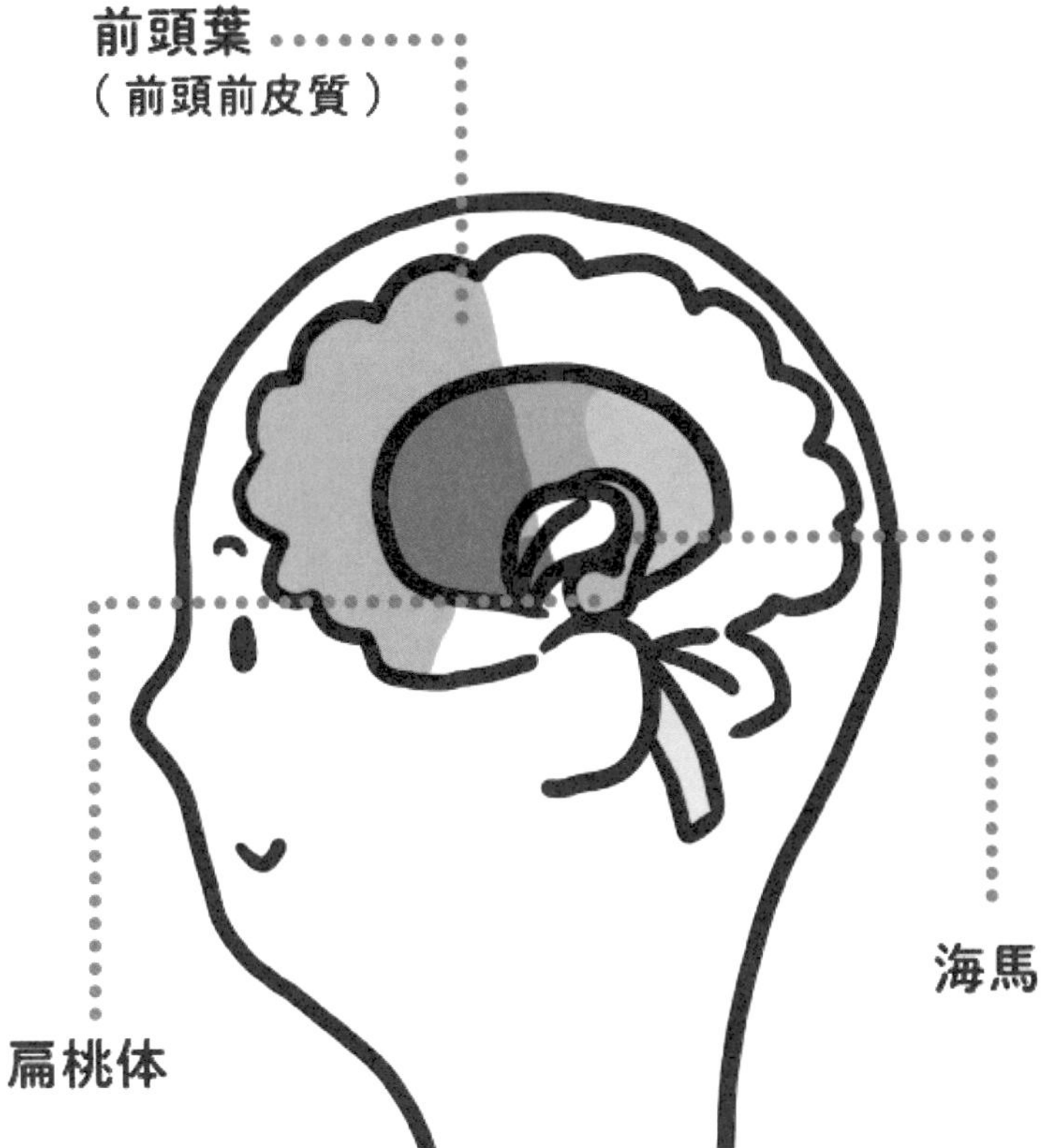

脳の断面図

4・4・8呼吸法は、動画でも見ることができます。こちらのQRコードでスキャンして、ご自宅や職場、学校など、どこでも、ちょっとした時間に実践してみてくださいね。

そして、もう一つ、「片鼻呼吸法」をご紹介します。片鼻呼吸法は、ヨガで実践されている呼吸法です。

この呼吸法は、左右の鼻から交互に呼吸することで、自律神経系が整い、心身のバランスをとる効果があるといわれています。

まず、右手の手のひらを自分の顔に向けて、人差し指と中指を折り曲げます。親指で右鼻を押さえ、左鼻から息を吐き出します。そのまま、左鼻から息を深く吸います。

今度は、薬指で左鼻を抑え、親指を外した右鼻から息を吐き出します。そのまま、右鼻から息を深く吸います。

4・4・8呼吸法

片鼻呼吸法

数分間、これを繰り返してみましょう。

左の鼻での呼吸は、右脳を活性化させ、リラックス感、落ち着き、穏やかさを生み出します。

右の鼻での呼吸は、左脳を活性化させ、活発さ、緊張感、興奮感を生み出します。

どちらも、バランスを取りながら脳を活性化できる呼吸法です。

この「片鼻呼吸法」も動画で方法を紹介しています。QRコードを読み込んで、ぜひ実践してみてくださいね。

●漸進的弛緩法

漸進《ぜんしん》的弛緩《しかん》法は、筋肉をゆるめることにより、副交感神経系の働きを優位にして、緊張感や不安感を緩和するリラクセーション方法です。筋肉をゆるめるために、体の各部位を順番に、いったん力を入れて筋肉を緊張させてから、ゆるめていきます。

最初に、腕時計やメガネ、ベルトなど、身体を締め付けるものは外して、ゆったりと、楽な姿勢で深く腰掛けます。

まずは、両手の親指を握りこんで、ギューッと力を入れます。10秒握りこんだら、手のひらを開いて、力をダラーンとゆるめます。

今度は、腕を曲げて力を入れてから、ダラーンとゆるめます。

次に、腕を曲げ、背中をそらして、肩甲骨を寄せます。そして、力を抜きます。10秒筋肉を緊張させたら、その倍の時間、20秒くらいをゆるめて過ごします。この、何もしていない状態のときに、副交感神経系が優位になってリラックス状態を作ります。

今度は肩を上げたあとに、肩の力を抜いて、腕をダラーンと下におろします。

首を傾けて、戻します。

顔は、口をすぼめて、目をギューッとつぶって、力を入れます。その後ゆるめて、顔の筋肉を緩めます。

腹部は、おへその下あたりに力を入れて、内側からお腹を膨らまし、緩めましょう。

この漸進的弛緩法を実践されている方の中には、過敏性大腸炎など、お腹が緩い方、緊張するとお腹が痛くなる人がいるかもしれません。そんな方は、もし症状が気になるようであれば、このお腹の部分は、実践せずにとばしてかまいません。

今度は、足です。足先に力を入れて、力を抜きます。

最後に、全身の筋肉を緊張させてから緩めます。

はい、両手の親指を握りこんで、腕を曲げます。そのまま肩甲

漸進的弛緩法

骨に腕を寄せて、背中をそらします。顔を緊張させて、足を伸ばします。10秒経ったら、全身の筋肉を緩めてください。しばらく、このリラックスした状態を味わってみましょう。

漸進的弛緩法の動画も見ることができます。QRコードで読み取って、実践してみてくださいね。

●不安階層表

パニック症への認知行動療法的アプローチをするとき、あなたがどの場面でどのくらいの不安を感じるのか、丁寧に見ていきたいと思います。

外出するのが不安な方、高所恐怖や対人不安がある方に、不安や恐怖を感じる刺激や場面について、具体的におうかがいします。

あなたは、どんな場面で緊張しますか。苦手な場面になればなるほど、不安は大きくなりますね。

あなたが初めて今の症状を発症したのは、どんな場面でしたか。そのときに感じた不安や恐怖の大きさを100として、まったく不安や恐怖を感じない場面を0とすると、それぞれの場面で感じる不安や恐怖の大きさはどのくらいでしょうか。

ここからは、パニック症のSさんの例を紹介しながら進めていきます。あなたも、ご一緒に、自分の不安緊張の大きさを振り返りながら、進めてくださいね。

Sさんは、パニック症で電車に乗るのが苦手と感じています。

初めて恐怖を感じたのは、学生の頃、夜更かしをしていて通学途中に過換気症を起こしたことがきっかけでした。息が苦しくなり、電車の中でうずくまり、周りのお客さんに介抱してもらったのが最初でした。

不安階層表を作るとき、その最初の恐怖を１００とします。

今は、体調が良ければ、各駅停車の電車になんとか乗れますが、地下鉄や快速電車に乗ると不安が大きくなります。目標は、新幹線に乗って東京に住む友人に会いに行くことです。

では、不安を感じる大きさを数値化してみましょう。

家にいてリラックスするときは、症状をまったく感じないので0とします。

初めて症状が起きたときの恐怖は１００です。

玄関で靴を履くときは5、駅が見えてきたら20、というように細かく場面を設定して、不安や恐怖の程度を数値化します。数値化したら、不安階層表に書き込んでいきましょう。

ホームに上がったら一気に緊張して50、電車がホームに入ってくると70、電車のドアが開くと85、電車に乗ってドアが閉まると95、といった具合です。快速電車だと１００、地下鉄だと１２０、新幹線も１２０、というふうに１００を超えることもあります。

Sさんの場合、駅が見えてきたら20で、ホームに上がったら一気に50まで上がっているので、その間にどんな緊張場面があるか、再度、丁寧に聞きます。

そうすると、改札を通るときが30、ホームに上がるエスカレーターに乗るときに40ということがわかりました。

こんなふうに、できるだけ具体的に細かく場面を振り返ることが、うまくいくコツです。

そして、その場面を０～１２０の強度に振り分けて、段階的に並べます。

どの場面でどのくらい不安や恐怖を感じるかは、主観でいいのです。

ＳＵＤ（Subjective Unit of Disturbance：主観的障害単位）といいますが、自分がどのくらい恐怖を感じるかをスケーリングした数値を書き出してみましょう。

この段階的に振り分けた表のことを『不安階層表』といいます。不安階層表を作成して、どの場面でどのくらい緊張するか、できるだけ具体的に細かく書いてみてください。

不安階層表

120
110
100
90
80
70
60
50
40
30
20
10
0

不安階層表―書き込み例

120	地下鉄、新幹線
110	
100	快速電車
90	電車に乗りドアが閉まる（95）
80	電車に乗りドアが開く（85）
70	電車がホームに入線する
60	
50	ホームに上がる
40	ホームに上がるエスカレーター
30	改札を通る
20	駅が見えてきた
10	玄関で靴を履く（5）
0	家にいてリラックス

●エクスポージャー法

不安階層表ができたら、不安度の低い場面から、チャレンジしてみましょう。チャレンジ成功のコツは、スモールステップです。一気にがんばりすぎず、最初のうちは「もう少し行けそう」という余裕が残るくらいの場面からチャレンジしましょう。

パニック症の主な特徴は、パニック発作、予期不安、そして回避です。怖い思いをするかもしれない場面に出かけるのは、気が進まないかもしれませんが、苦手な場面を避けてばかりいると、症状は改善されません。あなたのペースでいいですから、ゆっくり少しずつ進めていきましょうね。

不安や恐怖を感じる状況にあえてさらすことで、不安や恐怖を軽減させる行動療法のことを『エクスポージャー法（曝露《ばくろ》法）』といいます。不安の強さが小さい場面から順番にチャレンジすることを『系統的脱感作法《だっかんさ》』といいます。

不安の強い人に対しては、いきなり現実場面にチャレンジするのではなく、『イメージ脱感作法』といって、苦手な場面を想像しながらリラクセーションを導入することで、不安の軽減をはかる方法からスタートします。自宅の部屋など、リラックスできる状況で目を閉じて行います。目を閉じて、頭の中で、自分が苦手な場面に向かっているところをイメージしてみましょう。

さきほど作った不安階層表を見てみましょう。一番、不安の程度が小さい場面を頭の中でイメージしてみてください。

「想像するだけで、ちょっと緊張しちゃった」という方もいらっしゃるかもしれません。それでいいんです。ちょっと緊張するくらいの場面にチャレンジするのが、改善への近道なんですよ。

先ほどのSさんの例で見てみましょう。

玄関で靴を履いて、外に出て、駅の方角に歩いていくと、駅が見えてきた、という場面を頭の中でイメージしてみてください。

だんだん緊張してきた場面で、いったんイメージをストップします。

そして、ゆったりと全身の力を緩め、ゆっくりと呼吸をします。リラクセーションのところでお伝えした呼吸法や漸進的弛緩法を使ってリラックスします。

少し気持ちが落ち着いてきたら、イメージ再開です。さきほど緊張してきた場面から再開します。最初の玄関に戻らなくて結構です。歩いていくと、駅が見えました。改札をぬけるところで、また緊張し

てきたので、そこでイメージをストップ。

さきほどと同じように、呼吸法や漸進的弛緩法でリラックスします。落ち着いてきたら、駅の改札場面からイメージ再開します。

エスカレーターを上がるところで、またリラックス。ホームに上がる場面で、緊張してきたら、全身の筋肉を緩め、呼吸をゆったりと吐くほうに注意を向けながら、しばらく落ち着くまでリラクセーションをします。

こんな感じで、ゆっくりゆっくり、丁寧に丁寧に、「イメージ」→「緊張」→「リラクセーション」を繰り返していくのです。決して無理は禁物です。

疲れてきたら、途中でやめてください。今日は、電車に乗り込む手前で留めておこう、また、次の機会に、電車のドアが閉まる場面にチャレンジしてみよう、そんなふうにぼちぼち進めてください。

一日に一気に進めるのではなく、途中で止めて、

また別の日に少し先の場面までイメージしてみる。そんなふうに何日もかけて繰り返し、少しずつ、進んでいけば良いのです。

『イメージ脱感作法』で、何度も何度もリラクセーションを交えながら、苦手な場面にチャレンジする練習を繰り返して、緊張が和らいできたら、いよいよ実際に苦手な場面へチャレンジしてみます。

何度も繰り返しになりますが、行動療法の基本は「スモールステップ」です。無理せず、少しずつ、繰り返し練習することが大切です。あせらず、一足飛びに進めないようにしてくださいね。

実際に苦手な場面にチャレンジするときは、不安階層表の不安度の低い場面から少しずつ、何日もかけて分けて行います。

ですから、一日目は、玄関で靴を履いて、駅が見えたあたりで終わり、ということもあるでしょう。

「もう少し行けそう」と思っても、がんばりすぎず、少し余裕を残して別の日に再チャレンジしてください。

電車に乗り込む際に、緊張感が高まることもあると思います。そんなときは、イメージ脱感作と同じ手順で、リラクセーションを取り入れましょう。楽にゆったりと呼吸をして、全身の力を抜いてリラックスします。電車を一本見送ってもかまいません。あわてず、駅のホームでベンチに座り、落ち着いてから、電車に乗り込んでみましょう。

付き添いの方と一緒に乗ってもかまいません。途中下車するかもしれないと不安なときに、逆に付き添いがいない方が気を遣わずに気楽にチャレンジできるという方は、ひとりでご自分のペースで進めてください。チャレンジの仕方は、人それぞれ、さまざまです。あなたのペースでいいんですよ。

不安階層表の下段のチャレンジに成功したら、次の場面にチャレンジします。自分で「無理」と決めつけずに、少しずつでいいですから進めていきましょう。

チャレンジして緊張する場合は、あせらず繰り返し、同じ場面にチャレンジします。SUD（主観的障害単位）50の場面、たとえば「ホームに上がる」に無理なく繰り返しチャレンジしていくうちに、緊張感は50から30、20と下がってくるでしょう。

不安の数値が下がってきたのを確認してから、次の段階へ進むようにしてください。何回かチャレンジしても、不安が下がらないようでしたら、一つ段階を下げて、無理のない場面に戻すのもいいですね。

つまずきやすい例としてよくあるのは、今週は段階1、来週は段階2、と事前に計画をたてて、計画通りに進もうとするケースです。

うまくいくときは良いのですが、段階が上がるにつれて、徐々に不安や緊張が高まるにもかかわらず、がんばりすぎてしまう人がいます。計画はあくまでも計画です。無理にがんばりすぎることのないように進めてください。

チャレンジするのがつらくなってきたら、もう一度『不安階層表』を見直して、計画を立て直しましょう。『不安階層表』の段階をもう少し細かく設定しなおし、一足飛びにならないようにすることも大切です。

大きな池を渡るとき、池の中に飛び石があるところを想像してみてください。最初は陸地から助走をつけて跳べますが、2つめ、3つめと

飛び石を渡っていくうちに勢いが落ちてくるでしょう。それなのに、無理をして計画通りに跳ぼうとすると、池にボチャンと落ちてしまいます。

そんなときは、飛び石と飛び石の間に、新たな石をいくつかおいて、ジャンプする間隔を狭くすると、無理なく跳べると思いませんか。

それから、１つの飛び石に移ったからといって、すぐさま次の石に向かって跳ぶ必要もありません。あなたは、今、池の真ん中の飛び石にいるのですから、休憩をして、準備をして、呼吸を整えてから、次の石に向かって跳べばよいのです。

それに苦手な電車にチャレンジするのだから、ただ駅から駅に移動するだけではつまらないですよね。行先のついでに、ケーキ屋さんに寄るとか、本屋で立ち読みして帰るとか、ウィンドウショッピングをするなど、お楽しみを設けて、モチベーションをあげることも有効です。

「最初は緊張したけど、なんとか行けた」という経験を重ねて、苦手な場面に慣れ、自信を高めていきましょう。

実際に、Sさんは、駅のホームに上がったら緊張して呼吸が苦しくなるときがありました。そんなときは、やって来た電車に急いで乗ることはせずに、ホームのベンチに座って、呼吸法をして過ごしました。リラクセーションで落ち着いてから、次に来た電車に乗るようにしたのです。

また、目的地の中間駅で降りることもありました。それも決して「失敗」ではないのです。飛び石と飛び石の間に、新たな石を設定しただけのことですから、それでよいのです。Sさんは、初めて降りた駅周辺を散策し、ケーキを買って、がんばった自分へのご褒美として家でおいしく食べました。

そんなふうに、少しずつ少しずつ距離をのばし、新幹線で、新大阪から京都までの1区間だけ乗ってみよう、今度は名古屋まで行ってみよう、とチャレンジを続けました。

そして、最終的には、東京に住む友人に会いに、新幹線で行くことができたのです。

さて、これまで、パニック症への認知行動療法的アプローチを、電車恐怖の例を用いてお伝えしてきました。

もしも、あなたが高所恐怖症ならば、『不安階層表』をもとに、エスカレーターやエレベーター、高層ビル、観覧車、飛行機などに段階的にチャレンジすれば良いでしょう。

パニック症だけでなく、対人不安の方も、家族と会う、仲の良い友人と会う、複数の人と会う、知らない人と会う、食事をする、スピーチするなど、段階的にチャレンジすれば良いですね。

そのためには、まず、あなたの『予期不安』がどんなものか、客観的に理解することが大切です。

具体的な場面を思い出して、実際にこころの中でどんなことをつぶやいているか、詳しく観察してみましょう。そして、「〜なるかもしれない」という不安が、確定事項ではなく、あなたが勝手に作り出したものだということに気づいてください。

そして、リラクセーション法を身に付けましょう。呼吸法にしても、漸進的弛緩法にしても、道具は一切いりません。

いつでもどこでも、あなたがリラックスしたいと思ったときに使える有効な方法です。緊張したり恐怖を感じたりした場面でも、とっさに使えるように、普段から練習しておくといいですね。

自分で自分を落ち着かせる方法を知っておくことは、「いざというときに使える」という安心感につながります。

回避したくなるような苦手な場面にチャレンジするとき、「大丈夫」「大丈夫」と自分に言い聞かせながら、何回も、少しずつ、少しずつ、無理せず進めてくださいね。

大切なことは無理しないこと、そして、ほんの少し勇気をもってチャレンジすることです。

あなたも、ぜひ認知行動療法アプローチを実践してみてくださいね。

エクスポージャー法

ステップ4

ステップ3

ステップ2

ステップ1

エクスポージャー法 ― 書き込み例

ステップ4

ホームに上がる

ベンチで休憩する

ステップ3

ホームに上がるエスカレーター

自販機でお茶を買う

ステップ2

改札を通る

ステップ1

駅まで歩く

《抑うつ》――自分を苦しめている考え方を変える

「どうせ自分なんて…」

「がんばったってムダだ」

「やるからには完璧にしないと！」

「周りの人に変なやつだと思われているんじゃないか」

あなたには、どんな思考パターンがありますか。「考え方のクセ」がいくつか見つかりましたか。

「無くて七癖」というように、意外と自分では、自分の思考パターンについて気づけないものです。

自分では気がつかず、知らず知らずのうちに、頭の中でひとりごとをつぶやいていることって誰にでもありますよね。

この本の初めの方で「あなたの感情は、どこから?」という問いに対して、「あなたの感情は、あなたの認知（考え方、とらえ方）から生まれる」とお伝えしました。

あなたが今、感じている不安、落ち込み、怒り、そして喜びも、感情は、あなたの認知からわき起こるものなのです。

もしも、あなたが、今の感情をしんどい、つらい、苦しいと感じているならば、考え方を変えることで、そのつらい感情から離れることができます。もちろん、あなたが、今の感情をそのまま変えなくてもいいと思うならば、そのまま持ち続けていてもいいんですよ。変えるも変えないもあなた次第です。

さて、ここでは、認知行動療法アプローチの中で『3コラム法』と呼ばれる認知再構成法をお伝えします。

3コラム法は、アメリカの心理学者であるアルバート・エリスが、1955年に提唱した「論理療法」のABC理論に基づいています。【できごと】（Activating event）、【認知】（Belief）、【結果】（Consequence）からなる認知に焦点をあてたアプローチ法です。

それでは、一緒にやってみましょう。まず、「落ち込みやすくて、人の目が気になってしまう」というAさんの例を紹介します。

Aさんの最近のエピソードはこうです。

「上司が同僚と親しそうに話をするのを見て落ち込んだ。もう仕事を辞めようと考えた」

さて、このエピソードの中に、主観的な要素が含まれていることにお気づきでしょうか。

「親しそうに」というのは、Ａさんの主観が入っていますね。

上司と同僚が親しいかどうかは置いておいて、誰がどう見てもそうだ、という客観的なできごとだけを取り上げる、これがこのアプローチ法のポイントです。

そうすると、客観的なできごとは、

「上司が同僚に何か話をするのを見た」

ということになり、これがＡさんの身に起きた【できごと】になります。

次に【結果】の部分です。

エリスは【結果】について、このように提唱しました。

『ある「できごと」に遭遇したとき、ふと「考えた」結果、わき起こる感情や行動のこと』

つまり、【結果】とは「落ち込んだ」というような感情を指します。

ここまでのことを図に示すとこんな感じになります。主観でよいので「感情の大きさ」を数値にして横に書き添えておきます。

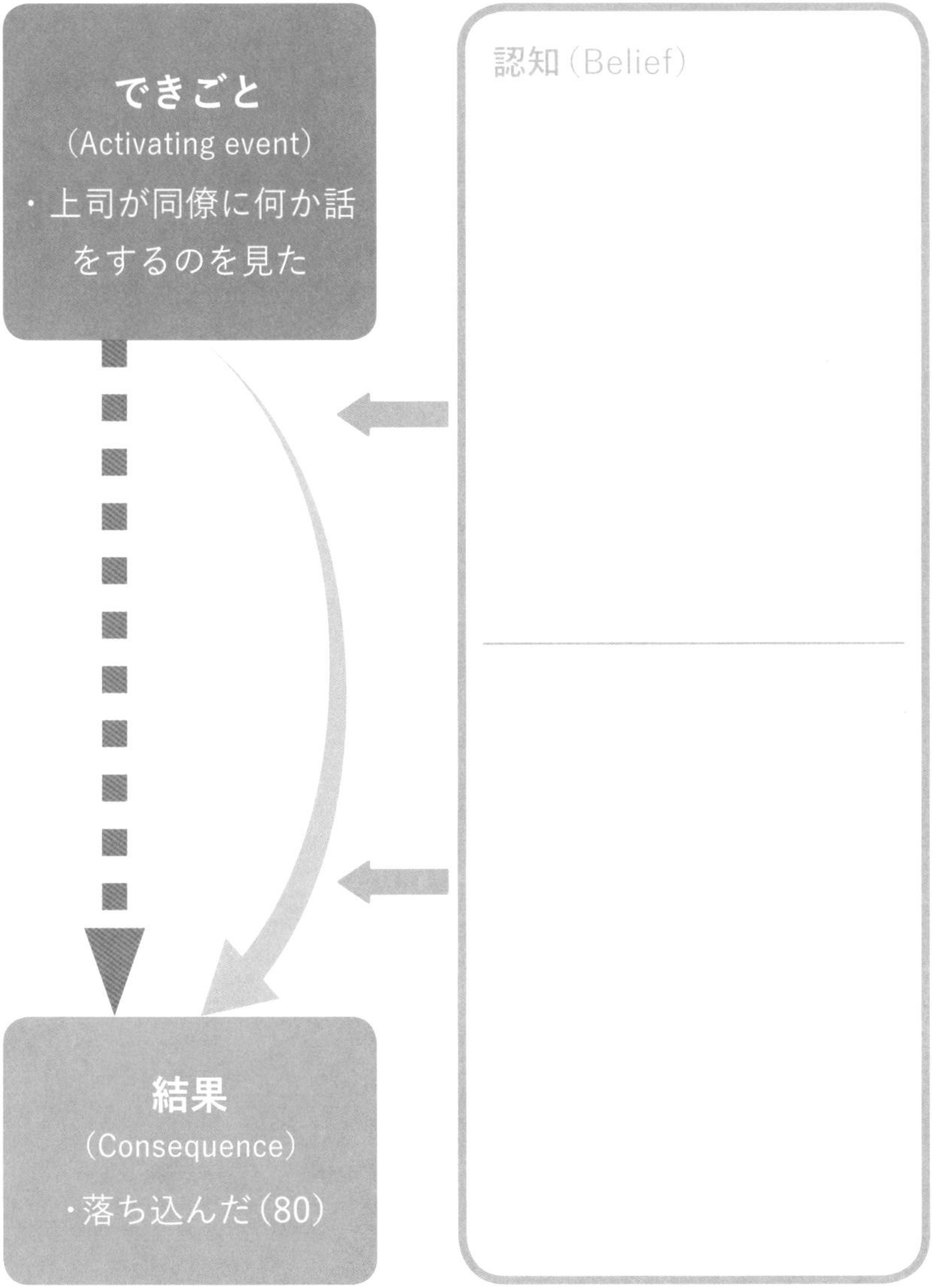
できごと
(Activating event)
・上司が同僚に何か話をするのを見た
認知(Belief)
結果
(Consequence)
・落ち込んだ(80)

わたしたちは、ある【できごと】が起きたから、悲しくなったり、落ち込んだり、腹が立ったりするのだ、ととらえがちです。

「あの人がいじわるなことを言ったから、悲しかった」

「外を歩いていて、チラっと通りすがりの人に見られたから、顔が真っ赤になった」

というように、何かの【できごと】が原因で、自分の感情が起きたと考えがちです。

しかし、これまで、認知行動療法についてお伝えしてきた、あなたなら、もうおわかりですよね。

【できごと】が、感情を作り出すわけではありません。感情は、【認知】が起きた結果、自分の中にわき起こるものなのです。

図の中の点線の矢印は、【できごと】と【結果】（感情）の間に因果関係があると思いがちですが、実は、直接の要因ではないんですよ、いう意味を表しています。

本当は、【認知】、つまり考え方やとらえ方が感情を作り出しているのです。ですから、図ではその右側に、【できごと】から【認知】を通って、【結果】の感情へと向かう太い矢印を示しました。

では、ここで、Ａさんの【認知】について紹介します。Ａさんは、頭の中でこんなことを考えました。

「やっぱり同僚のことがお気に入りなんだ」
「わたしは、上司からも、みんなからも、嫌われている」
「仕事もできないから、みんなの迷惑になるだけだ」
「仕事を辞めた方がいいに決まっている」

これらの【認知】を図の中に書き込むと次のページのようになります。

さて、次はあなたの番です。あなたが最近、落ち込んだこと、腹が立ったこと、不安になったことなど、具体的なエピソードを一つ思い出してください。

あなたはその【できごと】が起きたとき、どのように感じましたか。イライラしたとか、むなしいとか、緊張したとか、ドキドキしたとか、【結果】としての感情を一つ選んで、図の中に書き込みましょう。

最後に【認知】です。頭の中でつぶやいたひとりごとを【認知】の枠の中に書いてみてください。

実際に書いてみると、あなたの頭の中で起きていた認知や感情が、分別されてわかりやすくなったはずです。最初の頃は、認知と感情がうまく分けられず、混在したまま書き出すことが

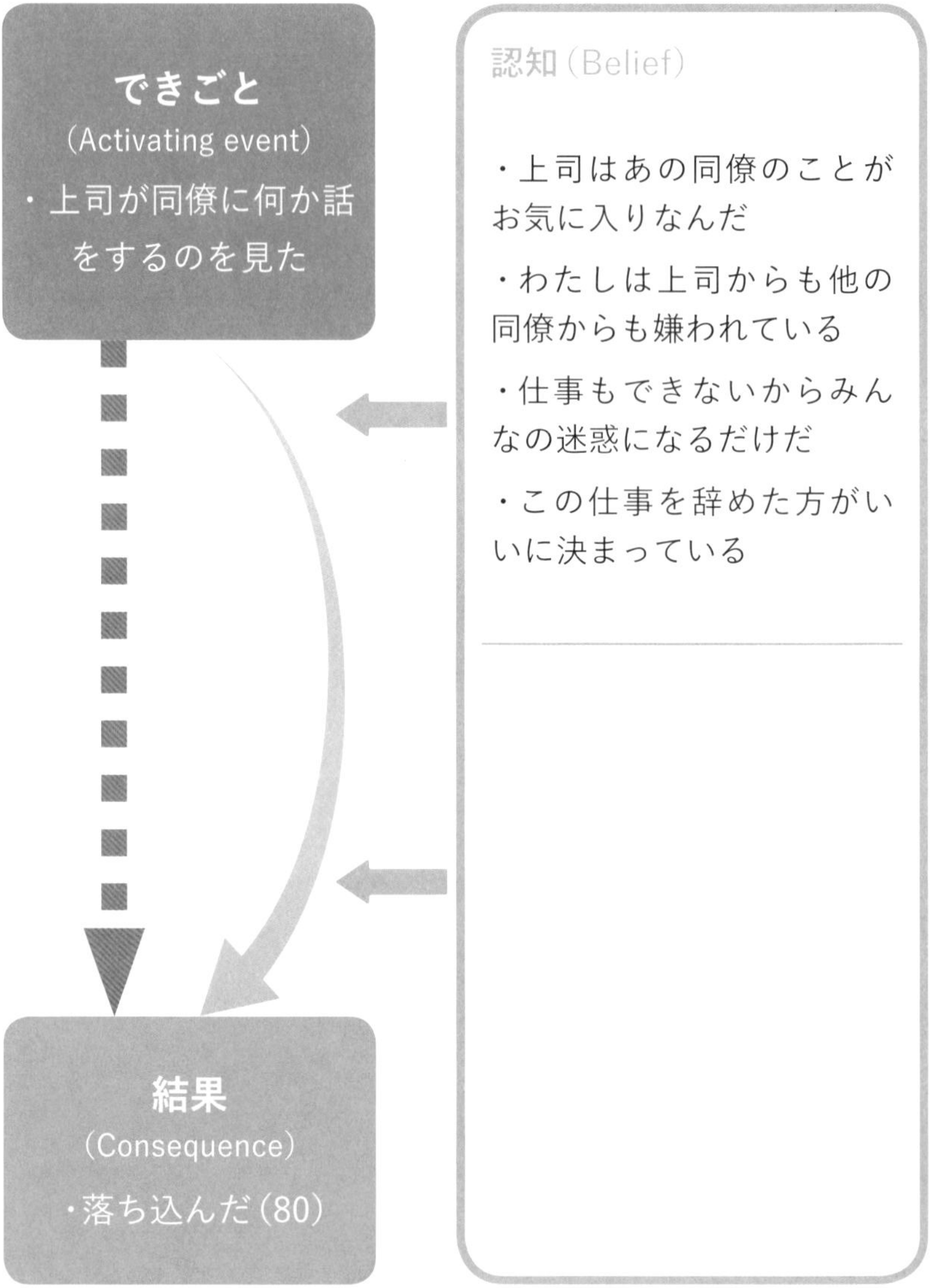
できごと
(Activating event)
・上司が同僚に何か話をするのを見た
認知(Belief)
・上司はあの同僚のことがお気に入りなんだ
・わたしは上司からも他の同僚からも嫌われている
・仕事もできないからみんなの迷惑になるだけだ
・この仕事を辞めた方がいいに決まっている
結果
(Consequence)
・落ち込んだ(80)

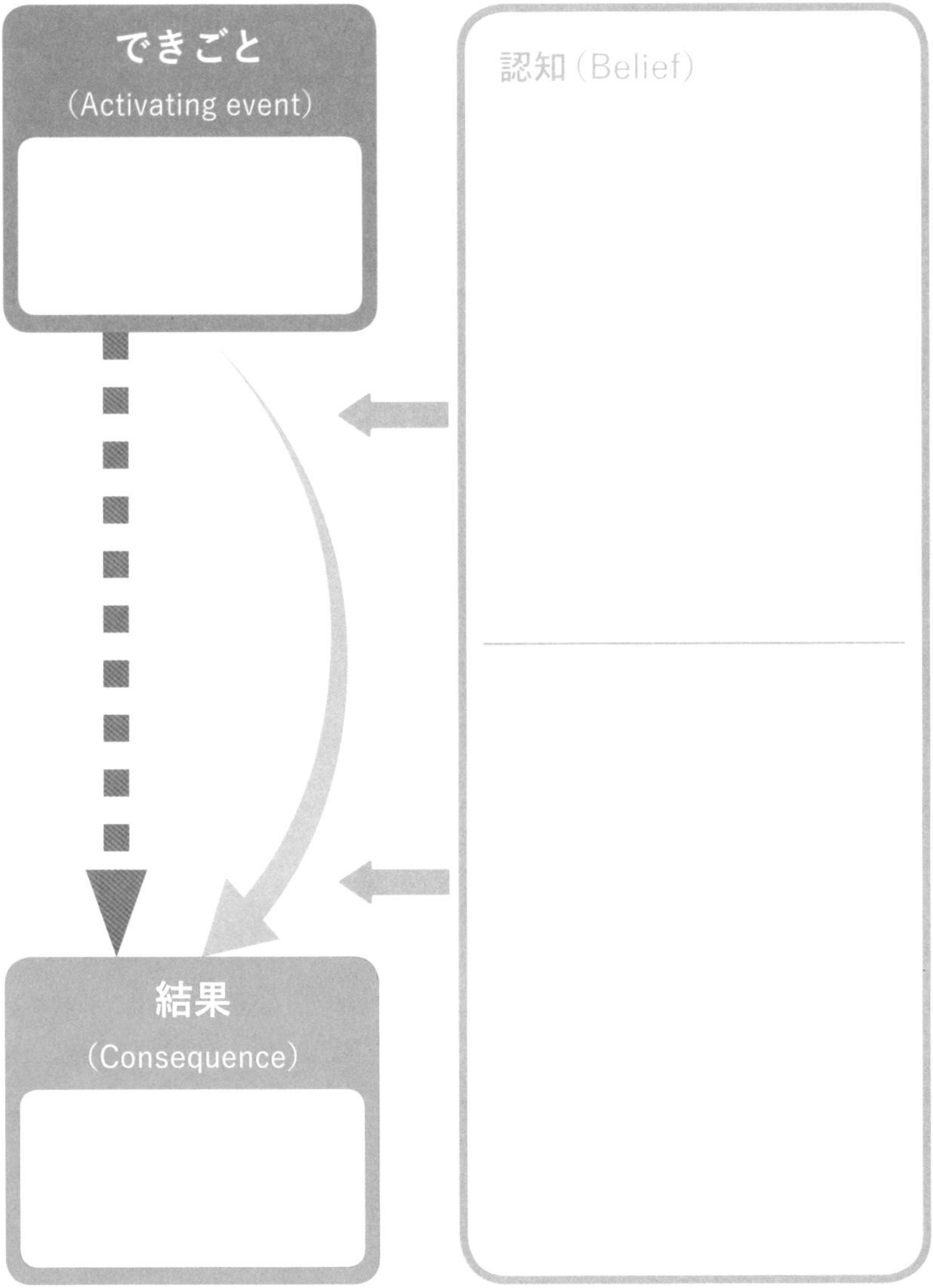
できごと
(Activating event)
認知 (Belief)
結果
(Consequence)

多かったと思います。何度も書き出しながら、慣れていきましょうね。

自分の認知に気づいたら、気づくことができた自分をほめてあげましょう。よくあるつまずきは、気づいたことをきっかけに、さらに自分を責めることです。

自分の認知パターンを知ることは、あなたにとって、考え方を変える第一歩です。

「こんなマイナスな考え方をするから、いけないんだ」と自分を責めたくなる気持ちはわかりますが、貴重な第一歩を歩み出した自分自身を、「気づくことができてえらいね」とほめてください。

認知行動療法では、認知、思考、考え方など、頭の中でふと浮かんだものを、実際に文字にして具体的に書いてみることをおすすめしています。

ポイントは、最近あった具体的なエピソードを一つ思い浮かべて書くことです。あれもこれもと、エピソードがいくつも浮かぶ場合は、図をコピーして、できごと一つにつき、一つずつ図に書き出してみましょう。

頭の中であれこれ考えるよりも、頭の中の考えを文字として紙に書き出します。その方が客観的に検証しやすくなりますので、紙やノートを準備しましょう。

認知行動療法は、あなたの人格を検証するものではありません。あなたの頭の中から考え方を取り出し、紙に書き出された文字、文章を、まるで自分が研究者になった気分で読むのです。

悲しいできごとがあったとしても、そのできごとを映画鑑賞するかのように、自分自身の体験と切り離して、客観的視点にたって観察します。

「あぁ、あのとき、わたしはこの世の終わりのような絶望の中で泣いていたんだなぁ」というように。

あなたが、自分自身の認知や感情を客観的視点で検証できるように、心理師はあなたに寄り添い、一緒に検証していきます。ご安心くださいね。

では、『3コラム法』（ABC理論）の解説に戻ります。

もしも、あなたが自分を苦しめるような考え方をしているとしたら、その考え方を変えてみようと思いませんか。

考え方が変われば、落ち込みや不安、怒りなどの感情も変わります。どんなふうに変えていけばよいのか一緒にやってみましょう。

まずは、Ａさんの【認知】をもう一度詳しく見てください。

この認知を一つずつ検証していきたいと思います。

検証するポイントは、「本当にそうだろうか」と冷静になって、改めて先ほど書き出した文章を読んでみることです。

落ち着いた今だったら、自分自身にこんなふうに声をかけてあげる、という言葉があれば書き出してみましょう。

もしくは、あなたが自分を苦しめるような考え方をしているとき、あなたの大切な人だったら、何と言ってくれるだろうか、と想像してみてください。

自分が憧れている人物が、同じようなできごとに遭遇したとしたら、どんなことを考えるか想像してみるのもいいですね。

自分の考えを言い換えるのは、なかなか浮かんでこないかもしれませんが、もしも信頼できる人だったら、と想定すると、適切な認知が浮かんできやすいです。

Ａさんは、落ち着いて冷静に自分が書き出した【認知】を眺めてみました。すると、言い過ぎだな、決めつけているな、と感じる部分があることに気がつきました。そこで、こんなふうに書き換えてみました。

修正された認知
「同僚が上司のお気に入りかどうかなんてわからない」
「わたしの決めつけかもしれない」

それから、いつも話を聞いてくれる友人のことを思い出しました。そして、友人だったら、きっとこんなふうに言ってくれるだろうな、という言葉を書くことにしました。

修正された認知
「上司に嫌われたってかまわない」
「わたしには、わたしのことをわかってくれる友人がいるんだから」
「わたしが嫌われているというのは考えすぎで、どこにも証拠はない」

さらに、職場でがんばっている自分自身を思い出し、次のように書いてみました。
ゆっくり落ち着いて、「本当にそうだろうか」という視点で振り返っていくと、意外とたくさんの考え方が浮かんでくるものです。

修正された認知

「仕事はミスしないように気をつけている」
「わたしなりに、がんばっている」
「友人など応援してくれる人もいる」
「仕事はいつでも辞められるから、もう少しがんばってみよう」

自分自身の考えとして、思い浮かばないときは、別の人だったら何と言うだろうと考えてみましょう。

また、自分自身が悩んでいるのではなく、他の人が同じような悩みをもっていたとしたら、自分はなんと声をかけてあげるだろう、と考えてみてもよいですね。

「完璧にできなくても、ちょっとずつやってみればいい」「人生60点主義でいい」というふうに、少し客観的になって、冷静に考えて、別の考え方を探してみましょう。

この「客観的視点」こそが、認知行動療法の神髄なんです。

なかなか考えが浮かばないときは、「失敗するかどうかは、やってみなければわからない」というふうに、「〜かどうかはわからない」と書き換えるのもアリです。

【修正された認知】が思い浮かんだら、頭の中のひとりごとを紙に書き出して、別の考え方に書き直してみることをおすすめします。

そして、紙に書き出した文字を声に出して読んでみてください。

たとえば、

「失敗するかどうかは、やってみなければわからない」

「完璧にできなくても、ちょっとずつやってみればいい」

という感じです。

いつもの自分とは違うパターンの考え方なので、ちょっと違和感があるかもしれませんね。

最初は受け入れにくいと思いますが、そういうものです。

「頭ではわかるんだけど、本心から、そう思えないんだよな」

そうなんです。今までの考え方のパターンは、たとえ、自分を苦しめる考え方だったとしても、ずっと慣れ親しんできた考え方なので、しっくりくるのですが、新しい考え方は、合理的な考え方だったとしても、慣れていないので違和感があるんです。ですから、「なんかしっくりこない」という感覚は、わき起こって当然なんです。

ここでは、「とりあえず、こういう考え方に変えることができるんだな」ということを知ってもらえれば十分です。

認知行動療法は、考え方を変えるトレーニングです。最初は、頭で考えて、考え方を置き換える作業が慣れないかもしれませんが、繰り返しやっていくと、自然にできるようになります。

自分でできるようになるまで、一緒に取り組んでいきましょうね。

それでは、最後にAさんの図を全体的に眺めてみましょう。

最初に【できごと】の部分を読んでみます。

そして、【認知】の部分を飛ばして、【修正された認知】の部分へジャンプして、読んでみましょう。

こんなふうに考えてみたとき、あなたはどんな感情がわきますか。その程度は、どのくらいでしょうか。

「ちょっとましになった」「落ち着く」と感じる人がいるかもしれませんね。

最初に感じていた「落ち込んだ」という感情は、認知を修正する前は80ありましたが、今、どの程度に変化しているでしょうか。Aさんの場合は、「落ち込んだ」気持ちは30に減っていました。

こんなふうに、主観的な感情の度合いをみてみると、最初、80あった「落ち込み」が30まで下がっているのがわかります。

認知行動療法では、考え方を変えたら、マイナス感情がキレイさっぱりゼロになるかというと、そうではありません。

考え方を変えたら、ちょっとマシになった、少し気分の落ち込みが減った、という具合で気分が楽になることがほとんどです。

できごと
(Activating event)
・上司が同僚に何か話をするのを見た

認知(Belief)

・上司はあの同僚のことがお気に入りなんだ

・わたしは上司からも他の同僚からも嫌われている

・仕事もできないからみんなの迷惑になるだけだ

・この仕事を辞めた方がいいに決まっている

修正された認知

・「同僚が上司のお気に入りかどうかなんてわからない」

・「わたしの決めつけかもしれない」

・「わたしには、わたしのことをわかってくれる友人がいるんだから」

・「わたしが嫌われているというのは考えすぎで、どこにも証拠はない」

・「仕事はミスしないように気をつけている」

・「わたしなりに、がんばっている」

・「友人など応援してくれる人もいる」

・「仕事はいつでも辞められるから、もう少しがんばってみよう」

結果
(Consequence)
・落ち込んだ(30)

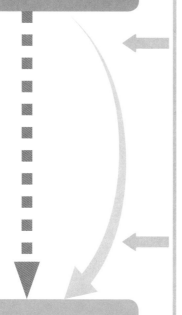

気分の落ち込みや不安を、ゼロにすることを目的とするのではなく、気分の落ち込み具合を軽くするのが認知行動療法の目的といっていいでしょう。

認知行動療法をマスターした方はよく、「落ち込むことが怖くなくなった」とおっしゃいます。もしも、落ち込むようなできごとがあったとしても、考えを変えることで気分の落ち込みを軽減できる方法を知っているので、短い期間で回復することができる、また、落ち込む程度が少なくて済む、さらに、落ち込む頻度が減る、というのが認知行動療法の効果です。

また、認知行動療法では、ホームワークといって自宅で自分の認知や行動を振り返り、変える練習をするようにおすすめしています。

面談室で心理師とお話ししている時間だけが、認知行動療法ではありません。

面談室では、ホームワークで取り組んだ内容を一緒に振り返ってフィードバックし、次の課題について話し合う場としています。

自分で自分の感情をコントロールできるようになる、その方法を習得するためにトレーニングする、それが認知行動療法のアプローチ方法なのです。

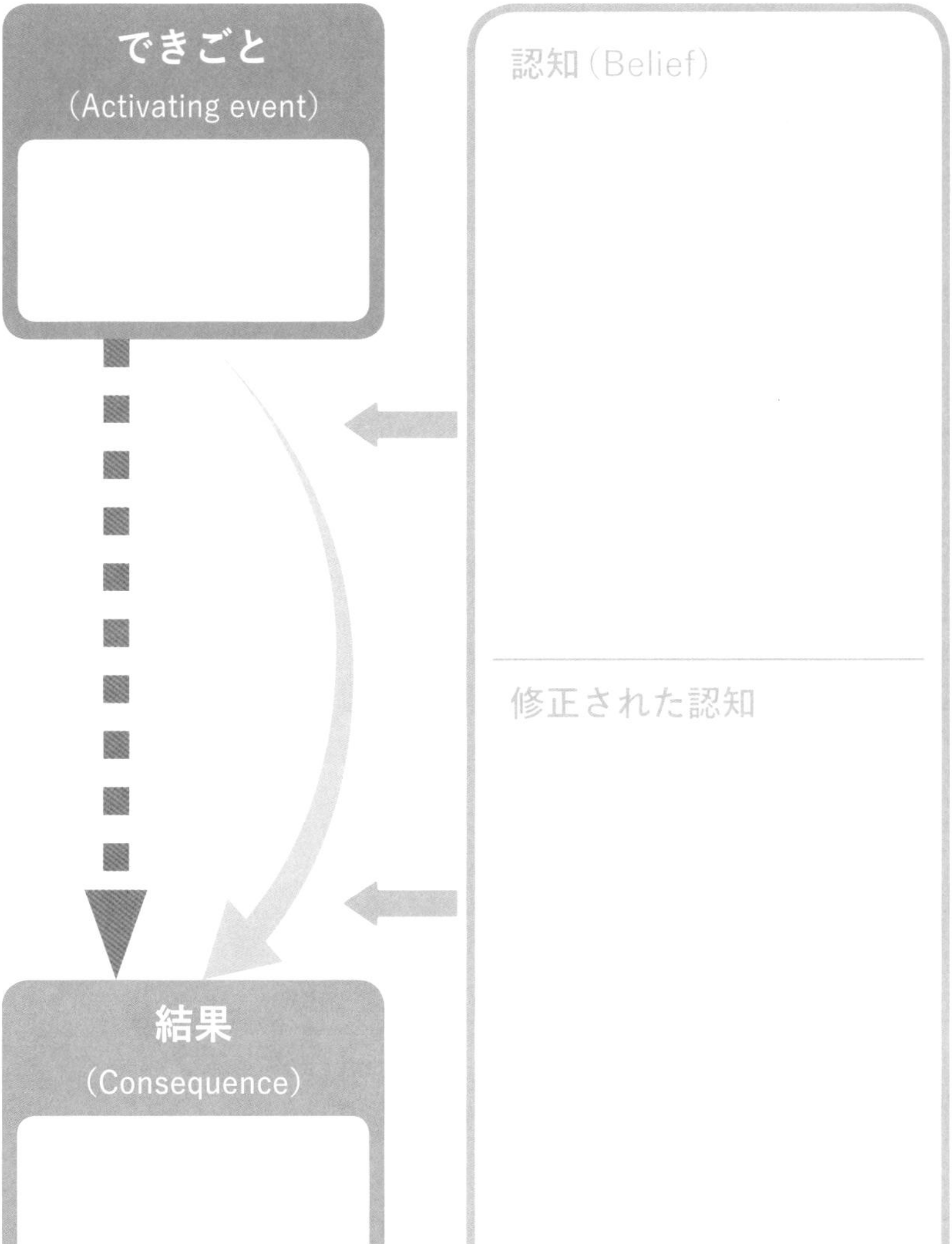
できごと
(Activating event)
認知(Belief)
修正された認知
結果
(Consequence)

《社交不安症》――考え方と一緒に行動を変える

「人前で話すといった注目を浴びる場面が苦手」「人前で食事をするのが怖い」という方は結構多いのではないでしょうか。

誰でも人前に出るのは緊張するものですが、社交不安症の場合は、日常生活が送れなくなるほど強い恐怖や不安を感じます。

食べているところを人に見られると、緊張して食べられなかったり、人前で食事をすることを極端に怖いと感じたりする人もいます。

人と目を合わせることが怖く、「人に見られているように感じる」という方がいる一方で、自分の視線をどこにやったらいいのか、「自分が見たことで相手を嫌な気持ちにさせてしまうのではないか」と心配になる方もいます。

人前や異性の前などの特定の場面で緊張し、顔が赤くなる人もいます。この症状を避けるために、人が集まる場所には行かないという方もいます。（赤面症については１８２ページで詳しくお伝えします）

また、緊張してぐっしょりと汗をかく発汗恐怖の方もいます。

わたしの中で社交不安症は、うつやパニック症と並んで、とてもポピュラーな疾患なのですが、「こんなことで悩んでいるのは、自分だけだと思っていました」と言われる方が少なくありません。

特に、思春期から青年期にかけての若い世代の人に多い印象があります。どうしても、他人からどう見られているかが気になる世代ですものね。

不登校のお子さんの中にも、この社交不安症の方がおられます。人の目が気になって教室に入れないとか、学年集会など体育館に大勢が集まる場所には、どうしても入れないというケースです。

他にも、ガス恐怖症の方がいます。「今、おならが出たような気がする」という場合もあれば、「本当に少し出ているんです」という場合もあります。

症状によってさまざまな呼び方がありますが、人から注目を浴びるのではないかと考えて、不安や恐怖を感じる症状のことをまとめて「社交不安症」といいます。少し前までは「対人恐怖症」と呼んでいたので、そちらの呼び方の方が良く知っているという方もいると思います。

社交不安症の方の認知パターンは「変な人と思われたらどうしよう」「バカにされるのが恥ずかしい、いやだ」といったものがほとんどです。

大学生のMさんは、面接室に入るなり、タオルを握りしめ、汗を首からポタポタ流しながら話し始めました。高校生の頃にいじめに遭い、人にどう見られているかを極端に気にするようになったという彼女は、緊張すると多量の汗をかいていました。シャツの脇や背中の部分は、汗で色が変わるほどでした。

Mさんは、ゼミの研究室で担当教官となった教授が苦手でした。真面目で一生懸命な彼女は勉強熱心でしたので、直接注意を受けたことはありませんでしたが、高圧的な態度を見るだけで緊張感が高まり、声は震え、手が震えるということでした。

最寄り駅を降りて、大学までの道のりを歩くだけで、たった数分の間に汗をびっしょりかきました。またその汗の量を、他の人に見られたらどう思われるか、余計に気になるという悪循環に陥っていました。

認知行動療法の面接では、Mさんに普段よく頭の中に浮かぶこころの声を聞いてみました。すると、「できない人間だと思われるに違いない」「要領が悪いと思われているに決まっている」「汗をびっしょりかいて、変なやつだと思われているのではないか」「うまくできなかったらどうしよう」「あの教授に注意されたら怖い」という認知が明らかになりました。

そこで、3コラム法（認知再構成法）を用いて、**【できごと】【認知】【結果】**（感情）を書き出すことにしました。

できごと

駅から大学まで歩いているときに汗をいっぱいかく

認知

「汗をびっしょりかいて、変なやつだと思われているのではないか」
「みっともない」
「どうしてわたしだけこんな大変なことになってしまうのだろう」
「通行人に気づかれないようにしよう」
「できるだけ見つからないようにおとなしくしておこう」

感情

恥ずかしい(90)
緊張(80)

そして、Mさんに、今、改めて落ち着いて振り返ってみたら、緊張している自分自身にどんな声かけをしてあげられるか、たずねてみました。

すると、「自分が気にしているよりも、周りは気がついていない」「携帯型の扇風機で風を当てているから大丈夫」「汗をかいているからといって、変なやつと思われるわけではない」「普通にしていたら、周りの人は気づかない」という考えが浮かびました。

さっそく、今、浮かんだ考えを書き出してもらいます。

改めて、客観的に【できごと】を振り返り、さきほど書き出した【修正された認知】を声に出して読んでもらいました。

そして、今、【修正された認知】を読んだときにわいてきた感情はどうですかとたずねると、「少し大丈夫な気持ちになった」と答えられ、「恥ずかしい」気持ちは30、「緊張」は30くらいに減少していました。

この一連の流れを、まとめてみましょう。

できごと

駅から大学まで歩いているときに汗をいっぱいかく

修正された認知

「自分が気にしているよりも、周りは気がついていない」

「携帯扇風機で風を当てているから大丈夫」

「汗をかいているからといって、変なやつと思われるわけではない」

「普通にしていたら、周りの人は気づかない」

感情
恥ずかしい（30）
緊張（30）

この3コラム法を実践したあと、自分の考え方が変わるだけで、恥ずかしさや緊張などの感情が、「少し大丈夫」に変わることを実感したMさんは、とても驚いていました。「こうやって書くと、自分の頭の中が整理されて、よくわかりますね。本当に、少し楽になりました」と笑っていました。

3コラム法のコツをつかんだようでしたので、Mさんには、もう一つエピソードを取り上げてもらうことにしました。

Mさんは、ゼミの時間がとても不安でした。学生が順番に、研究テーマについて発表するのですが、質疑応答で教授が指導する時間が最もモヤモヤするようでした。よく聞いてみると、先生の指導内容は適切で納得できるけれど、声が大きく、表情が険しいので怖く感じるとのことでした。

それだけでなく、他の学生が指導を受けているとき、まるで自分が怒られているように感じ、不安が強くなるのでした。

そこで、そのとき頭の中で浮かんだひとりごとがあれば、書き出してみてください、と伝えました。こんな具合です。

できごと

ゼミ研究室で教授が他の学生を指導していた

認知

「声が震えたらどうしよう」
「汗がたくさん出たら、みんなに変な目で見られる」
「あんなに強く言わなくてもいいのに」
「わたしも、あんなふうに言われるのかな」
「みんなの前で強く言われたら、恥ずかしい」

感情

不安(90)
モヤモヤ(70)

今度は、今改めて、落ち着いて振り返ってみると、自分自身にどんなことを言ってあげるか、たずねてみました。あまり思い浮かばない場合は、「もしも、信頼できる友人や家族だったら、あなたに何と言ってくれると思いますか」とたずねました。

すると、「声が震えても、資料を読むだけだから大丈夫」「汗が出ても、自分が気にするほど周りは気にしていない」、「先生は、声が大きいだけで、怒っているわけでないから大丈夫」、「顔ももともとが、ああいう顔なだけで、怒っているわけではない」「先生の指導内容は、納得できるし、学生のことを思って言ってくれている」「わたしの発表のときも何か言われるかもしれないけれど、みんなも同じだから気にすることはない」と言い換えることができました。

言い換えたときにわいてきた感情を聞いてみると、「気持ちが楽になった」「モヤモヤが減った」と感情の変化を確認することができました。

早速、シートに書き込んでみることにしました。

できごと
ゼミ研究室で教授が他の学生を指導していた

修正された認知
「声が震えても、資料を読むだけだから大丈夫」

修正された認知

「汗が出ても、自分が気にするほど周りは気にしていない」
「先生は、声が大きいだけで、怒っているわけでないから大丈夫」
「顔ももともとが、ああいう顔なだけで、怒っているわけではない」
「先生の指導内容は、納得できるし、学生のことを思って言ってくれている」
「わたしの発表のときも何か言われるかもしれないけれど、みんなも同じだから気にすることはない」

感情

不安（20）
モヤモヤ（0）

このように、「もしも今の自分だったら、あのときの自分にこう言ってあげることができる」とか、「信頼できる家族（Mさんの場合は姉でした）や友人が、自分に言ってくれるとしたらどんなことを言ってくれると思うか」と振り返ると、客観的な視点で、新たな考えが浮かびやすくなります。

考え方を変えるコツがつかめたので、今度は行動を変える試みをすることにしました。

Mさんは、人前で恥ずかしい思いをしたくないばかりに、できるだけ目立たないように静かに過ごすことを心がけていました。

また、汗が気になるので、小型の携帯扇風機を常に持ち歩き、タオルをいつも握りしめていました。

でも、本当は、聡明で真面目なMさんは、自分の能力を堂々と発揮したいと望んでいたのです。認知行動療法の導入部分で、「なりたい自分」についてたずねたとき、「堂々と自分の意見が言えるようになりたい」「汗や手の震えを気にせず、生活できるようになりたい」と語っていました。

認知行動療法の考え方では、症状が治ってから、望む行動ができるようになるのではありません。

症状があるままでいいから、望む行動を実践していくのが、認知行動療法のアプローチ方法なのです。

Mさんは、汗をかきながらも、手にタオルをにぎりしめながら、ゼミで自分の意見を言ってみるというホームワークに取り組みました。

最初は、「いいと思います」とか「わたしも同じ考えです」など、短い文章で、同級生の発表のときにコメントすることから始めました。

それから、Mさんは発表の練習をすることにしました。初めは、お姉さんと1対1ですることとにしました。その次に、高校からの親友に協力してもらい、研究発表の練習をしました。

そして、どんなときでも、毎日、自分のことをほめるようにしました。

認知行動療法で、考え方を変えることと、行動を変えることの両方を並行して実践したわけです。

結果、Mさんは無事に研究発表を終えることができました。相変わらず手にはタオルをにぎっていましたが、汗を拭く回数は、かなり減っていました。

《強迫症》――完全ではなく「あいまいな大丈夫」で行動する

戸締りが気になったり、コンロの火の元が気になったりして、何度も家へ戻って確認する。数字を数えないと気が済まない。自分の決めたルール通りに行動しないと縁起が悪い。自分の中の衝動を抑えられず、自分でも知らないあいだに犯罪をしてしまったのではないかと心配になる。菌やウィルスに感染しないために手洗いや消毒を徹底する……。

あなたにも、いくつか心当たりはありませんか。

誰にでも当てはまるところはあると思いますが、何度も同じ確認を繰り返すことで一日の大半を過ごしてしまうようなら、それは強迫症かもしれません。

強迫症は、主に「強迫観念」と「強迫行為」があります。強迫観念は、自分でもどうしようもないことだとわかっていても、そのことが頭から離れず常に考えずにはいられないことをいいます。

たとえば、「無意識のうちに万引きをしたらどうしよう」「大声で卑猥な言葉を叫んだらどうしよう」「奇数（偶数）の数字に関係すると不幸なことが起こる」など、自分の中の考えに縛られて、思うように生活ができなくなります。

一方、強迫行為は、ある行為をしないではいられないことをいいます。

鍵がかかっているか何度もドアを確認したり、火の元を確認したりすることに時間がかかり、出発するまでにずいぶん時間がかかる、物に触れるたびに手洗い消毒をするので、手荒れがひどく皮がめくれてボロボロになるなど、日常生活に支障がでるほどの行為をさします。

こうした症状の背景には、『認知』が関係しています。

つまり、「火事になって家が燃えるだけでなく、近所まで燃え広がったら、多くの人に迷惑がかかる」とか、「泥棒が入って、家の中を荒らされるだけでなく、家の中に泥棒が潜んでいて、子どもに危害を加えるかもしれない」というように、被害が大きくなることで、自分だけでなく、周囲の人たちにまで不利益が生じるのではないかという考えが、症状を引き起こしています。

他には、「無意識にウンコやオシッコといったあまり口にしない言葉を叫んで、周囲の人が自分を軽蔑したらどうしよう」というように、普段、きちんとしている人ほど自分自身への評価が下がることを恐れていることがあります。

また、たまたま飼っていた猫が亡くなったのが4月だったから4のつく日や4月はまた悪いことが起きるに違いないと、過去のできごとを縁起ルールに結びつける考えが要因となっている場合もあります。

強迫症の治療のためには、強迫症のことをよく知る必要があります。

不潔恐怖の人は、「完璧に」清潔な状態を作ろうとします。完璧に清潔な場所や状態を「聖域」

のように守ろうとするあまり、より症状が強くなっていきます。考え方のクセとしては「白か黒か。ゼロか百か」という認知パターンです。ですから、不潔恐怖を改善するためには、「白か黒か」ではなく「グレーゾーン」を作っていく必要があります。せっかく清潔に保っていた聖域を「汚染」するよう進めていくのです。

確認強迫の人は、「絶対大丈夫」という「絶対」を求めるあまり、確認をやめられないでいます。ですから、「大丈夫かどうかはわからない」という状態を受け入れる練習をします。とてもモヤモヤしますし、不安な気持ちになるのですが、強迫症の発症メカニズムを理解すれば練習をしてみようと思えるはずです。

「大丈夫かどうかわからない」「万が一、何か大変なことが起きたらその責任は自分が取らなければならない」という状況は、不安でしかたないですよね。だから、その不安な状態を『回避』するために何度も確認行為をするわけです。ですが、何度確認しても「絶対」大丈夫とは言い切れません。ですから、ある程度確認したら、そのあとは「きっと大丈夫」「ある程度大丈夫」というレベルで妥協するよう練習をします。

この練習は、裏を返せば、「もしかしたら万が一、大変なことが起きるかもしれない」という不安を『回避』せず受け入れる練習でもあるのです。不安を不安のままもっておく、その結果、「不安だったけど、なんとか今回は大丈夫だった」という自信につながり、少しずつ強迫行為を減少することができるというわけです。

もしも、あなたに強迫症状があるなら、どんなことが気になるか、一緒に振り返ってみましょう。そして、その背景にどんな認知が関係しているかを確認しましょう。

なかには、口に出したら本当に恐ろしいことが現実になるから、とてもじゃないけど言えない、書くなんてもってのほか、という人がいるかもしれません。

でも、今からお伝えする『曝露《ばくろ》反応妨害法』を知れば、きっと口に出してみよう、紙に書いてみよう、と思ってもらえると思います。

●曝露反応妨害法

『曝露反応妨害法（Exposure and Response Prevention: ERP）』は、強迫症への代表的な治療法です。認知行動療法の一つで、再発予防効果が高いといわれています。

強迫観念による不安を受け入れ、やらずにはいられなかった強迫行為をしないで、そのままに置いておくという行動療法です。

たとえば、汚いと思うものをさわって手を洗わないでそのまま過ごす、留守が心配でも鍵をかけて外出し、鍵がかかっているかどうかを確認するために戻らない、などです。

こうした課題を続けていくと、強い不安が弱くなっていき、やがて強迫行為をしなくても大丈夫になっていきます。

確認や手洗いなど強迫行為をしたくなる状況を『トリガー』といいます。トリガーは銃の引き金のことで、症状を引き起こすきっかけのようなものをいいます。

不潔恐怖のSさんは、外出先から戻るとき、ドアのノブを直接手で触れることはありません。ハンカチを当てて、ドアを開け、そのハンカチは、家の中ではどこにも触れないように洗濯機へ入れます。

帰宅すると手を洗い、食事をします。食事の後も手を洗います。テレビのリモコンは家族も使うので、ボタンを押すごとに手を洗います。スマートフォンはラップに包んで使います。

手洗いの回数が多いので、手荒れがひどく、手のひらは赤く皮がめくれています。

お風呂に入ったあとは、家に置かれた物は一切さわらず寝室に直行します。寝室がSさんの「聖域」です。

小さい弟が悪気なくSさんの寝室に入ってきたときは、烈火のごとく怒ります。そして、寝室を消毒し、もう一度お風呂に入り直します。

最近は、家族に対する要求も大きくなり、家族も疲れています。

強迫症は、家族を巻き込みやすいのが特徴です。確認強迫の場合だと、火が消えているか自分だけの確認では不十分に感じるので、家族に一緒に確認を手伝ってもらおうとします。不潔恐怖だと、家族にも清潔を保つよう行為の強要がどんどんエスカレートしていきます。ですから、強迫症の場合は、ご家族への説明もとても大切になります。

不安や責任を「回避」するために、家族に行為を肩代わりさせることにつながりますので、ご家族には、本人の要求にこたえないようお伝えします。一緒に手を洗うように言われても、家族は帰宅時に一回、食事前に一回洗う程度にとどめてもらいます。

確認強迫についても、「ぼく、変なこと言ってないよね?」と聞かれても「言ってないよ」と答えないようにします。「それは、家族に確認しないようにすると決めたよね」というように穏やかに接するようにしましょう。

無理矢理、手洗い行為をやめさせる、強迫観念を頭ごなしに否定することも控えます。どんなに非現実的な悩みと頭ではわかっていても、本人はとてもつらく苦しんでいます。本人が症状と向き合い、改善しようと取り組む姿を一緒に見守っていただきたいと思います。

さて、Sさんは、聖域を守る生活にとても疲れていました。家族ともけんかがたえず、常に気を張り詰めていなければならないので、本当は、この生活を変えたいと思っていました。

そこで、認知行動療法の一つである『曝露反応妨害法』を実践することにしました。

まず、聖域の順位を表にまとめます。汚れたら嫌な程度について「不快指数」としてSUD

（主観的障害単位）をつけます。

Sさんの場合、一番大切にしたいのは布団（１００）です。その次にクローゼットの中（90）、寝室全体（80）、食卓の自分の席（70）、そのあとは家族の共有部分になり、風呂場（40）、脱衣所（35）、リビング・ダイニング（30）、トイレ（10）、玄関（５）でした。

次に、手を洗いたくなる場面、トリガーをまとめました。

すると、玄関のドアノブにさわる（１００）、新聞や郵便物、宅配物など外から持ち入ったものにさわる（90）、テレビのリモコンにさわる（80）、家族の座るソファにさわる（60）、スマートフォンにさわる（40）、ラップに包んだスマートフォンにさわる（10）となりました。

強迫症状が発症するメカニズムを学んだSさんは、「絶対領域」である寝室を汚染することに初めは抵抗を示しましたが、手洗い行為は、自分の手荒れがつらいこともあり、『曝露反応妨害法』に取り組むことにしました。

まず、あなたと同じように、「なりたい自分」を具体的に書き出すことから始めました。

Sさんが「普通になりたい」と書いたので詳しく聞くと、「普通の人と同じように、手洗いしなくても大丈夫になって、手荒れが治って、家族とけんかをせずに過ごしたい」と書きました。

そのころから、Sさんは、「自分は汚れるのが嫌だけど、普通の人は汚いと感じない。ぼくは普通の人になりたいのだから、洗わないで過ごす」というようになりました。

まず、不快指数の低いラップに包んだスマートフォンをしっかりさわるところから始めました。「汚い」「気持ちが悪い」と感じますが、手を洗わず過ごします。手を洗わないままリビングやダイニングで過ごしました。そうしながら、家の中に汚れを広げていくようにしました。もちろん、手を洗いたい衝動に駆られますが、「普通の人は、スマートフォンをさわるくらいでは手を洗わないのだから、自分も洗わない」と言い聞かせてやり過ごしました。

しばらく続けていると、「スマートフォンをさわった直後は汚いけれど、時間が経つにつれて汚さの度合いは薄まっていく」と考えるようになりました。そう考えることで汚さを感じなくなり、スマートフォンやリモコンをさわった後も手洗いをしないで過ごせるようになりました。

そして、ソファには、なかなか座れませんが、さわることはできるようになりました。このころには、手荒れがすっかり改善し、ツルツルしっとりした手になりました。

さぁ、続いて、聖域を汚染する手続きです。

スマートフォンをさわった手のまま、リビングやダイニングで過ごします。食卓の自分の席に座って、食卓の周りをさわり、汚れを広げます。一度汚れて聖域が聖域でなくなったら、清潔に保つ努力をしなくて済みます。汚れた手で食卓をさわるときはとても勇気がいりましたが、聖域が崩れたあとは、逆に楽になったように感じたようでした。

家の中を清潔にする時間が少なくなったおかげで、Sさんは自由な時間を手にすることができました。「何かしたいことはある?」とたずねると、「勉強がしたい」といいました。Sさんは、通信制大学に入学し勉強するようになりました。

第3章

認知行動療法の効果を高める

実践上のコツ編

「メタ認知」で自分の認知を客観的にとらえる

さぁ、ここまで認知行動療法についてお伝えしてきましたが、あなたは、どれだけ実践ができたでしょうか。

「認知行動療法はむずかしい」と思っていたあなた、「認知行動療法はうまくいかない、自分には合わない」と思っているあなたのために、うまくいくコツをお伝えしますね。

臨床活動の中で認知行動療法を続けていると、つまずきやすいポイントがいくつかわかってきます。

そのポイントで、心理師が寄り添い、いかにフォローできるか。

誰だって、初めてのことに取り組むときは不安でいっぱいですよね。特に認知行動療法は、苦手な場面にチャレンジしたり、自分の考え方のクセを見つけたりするアプローチ法なので、そばに寄り添って、「これでいいんだよ」といってくれるガイド役は必要です。

「自分のクセに気がついて、新しい認知行動パターンを身に着けるときは、違和感があって当たり前」。でも、そのことを知らない人は、「なんだか変な感じがする。きっと自分には認知行動療法が合わないんだ」と勘違いしてしまいます。そして、途中で取り組むことをやめてしまうのです。

「考え方を修正した直後から、また別の考えが浮かんできてしまう」「せっかく合理的な考え方に変えたところなのに、どうしてもマイナスな考え方が次の瞬間浮かんでしまう」「自分はうまくできないんだ」と悲観的にとらえる人も実はとてもたくさんいます。それも認知行動療法では当然のこと。もともと、認知や思考というものは、自動的に次々とわいてくるものなんです。考えようと思わなくても「うまく修正できた」と思ったあとでも、また別の考えが浮かぶものなんです。けれど、そんなことを知らない人は、たいてい「うまくいかない」と落ち込んでしまいます。大丈夫。うまくいかないのは、あなただけではありませんよ。こうしたことは、初めのうちは、よくあることです。ここでは、そういう認知行動療法初心者にありがちな疑問についてまとめてみます。

●認知モデルの4要素

まず、認知モデルの4要素を覚えていますか（33ページ参照）。わたしたちは【環境】に身をおきながら、さまざまな反応をしていますが、【生体反応】【感情】【行動】【認知】の4つに分けられるとお伝えしましたね。そこで、感情と認知を分けて整理するポイントです。さぁ、感情を書き出しましょう、と言われたら、だいたいの人は、認知にあたる部分を書くんです。たとえば、「なんだ、このやろう、このくらいのことは自分でやれ、と腹が立った」という言葉を感情の欄に書くというふうに。

このときの感情は「腹が立った」、認知は「なんだ、このやろう、このくらいのことは自分でやれ」と分けることができます。

けれど最初は、感情と認知がごちゃまぜになっていて当然です。だって、みんな小学校の作文のときに、「あなたの気持ちを書きなさい」と習いましたもんね。「あなたの認知を書きなさい」とは習わなかったはずです。慣れないのはあなただけではありません。みんな、最初はとまどいます。

ふとしたときに、一瞬、頭の中によぎる考えや、悪いことが起きるのではないかという映像的イメージ、こころの中でつぶやいたひとりごとのことを「認知」といいます。認知は知らず知らずのうちに勝手にわいてくるもので、『自動思考』ともいいます。考えようと思わなくても、ふと、こころの中に浮かぶ「認知」。この認知を自分自身が知ることから始めましょう。

●メタ認知

自分自身の「認知」を認知することを『メタ認知』といいます。メタというのは「多層の」という意味です。ふだんは気がつきませんが、実は、わたしたちは、何重にも層になって、ものごとを認知しているんです。自分の中に、いくつもの視点をもった自分自身が何人か存在している、と想像してみると、わかりやすいかもしれません。

自分の考えを、冷静に客観的な立場にたって見つめなおしてみます。わたしは、よくみなさんに、幽体離脱のように、と例えますが、スーッと自分から少し離れたところから、もう一人の自分が、自分自身の考えを見つめているというふうに想像してみてください。

たとえば、不安緊張で悩んでいる男性がいたとします。この男性は、「大勢の前で発表をするとき、失敗するのではないか」と頭の中で考えたので、その認知が自分を不安にさせているのですが、不安の渦中にいるので、そのことに気づきません。そこで、客観的な視点で自分自身の認知を観察することにしました。そうすると、「失敗するのではないか」という考えが不安を作っているのだなと気づくことができたのです。

これがメタ認知です。

メタ認知で自分の認知を客観的にとらえると、

「あ、今、どうせわかってくれない、と思ってるんだな」

と、自分自身の考え方に気づいたり、

「あ、呼吸が浅く速くなっている。嘘がばれたらどうしようと思ったから緊張したんだな」

と、自分自身の反応に気づいたりします。

自分の認知を、認知する。

認知行動療法は、メタ認知を育てるトレーニングなんです。メタ認知ができるようになると、ちょっとしたアクシデントにも、冷静に対応できるようになります。

とはいえ、メタ認知なんて初めて聞いた言葉で、「何を言ってるのか、さっぱりわからないよ」と思った人も少なくないでしょう。

大丈夫ですよ。

メタ認知がうまくできるようになるための、ちょっとしたコツがありますので、ご紹介しますね。

それは、『かぎかっこ』でつぶやくこと、です。

たとえば、あなたがイライラしたとします。その瞬間、「バカにしやがって！なめるなよ！」と、もう、頭の中でひとりごとをつぶやいていますよね。これが『自動思考』で、瞬間的な認知反応です。

では、この『自動思考』に、今度は『かぎかっこ』をつけてみてください。

どういうふうにすればよいかというと、『自動思考』のあとに、「…って、わたしは思ってる」を付け足してください。

つまり、こういうことです。

「『バカにしやがって！なめるなよ！』って、わたしは思ってる」

こんな具合です。

それだけで、イライラの度合いは、少し低くなりますよ。

「悲しみに溺れる」「怒りで我を忘れる」など、感情に没入する状態を表現する言葉があります。

「きっとあいつはわたしのことをバカにしているんだ。周りの人と一緒になってわたしの悪口を言って笑っているにちがいない。許さない。絶対に許さないぞ」と思っているとき、まさに

あなたは、怒りの感情の中に没入して我を忘れていますね。

感情の渦に巻き込まれて、自分の頭の中にわき起こる考えや想像が、まさに現実に起こっているような感覚になります。

自分の感情の渦にグルグルと巻き込まれ、自分自身が溺れている状態です。

「誰もわたしのことなんかわかってくれない。今の自分では、ろくな仕事にもつけないだろう。結婚もできないし、子どもなんか育てられるわけがない。これから、たったひとり孤独に死んで、誰にも発見されずに朽ちていくんだ」

そんな悲観的な想像をグルグルと考えているうちに、本当に自分が想像した未来しかやってこないような感覚になり、さらに、悲観的な考えが加速します。

「こんな人生生きていて意味があるだろうか。今すぐ終わりにした方がいいのではないか」と、より絶望的な考えが浮かぶようになります。

考えれば考えるほど、グルグル思考は渦潮のように回転数を上げ、渦の中心は深く引き込まれ沈んでいきます。

こんなふうに自分の感情の渦に巻き込まれると、もうどうやってその怒りや悲しみの感情から抜け出せばよいのか、そんなことすら、わからなくなります。

そんなとき、自分が感情の渦に巻き込まれ、溺れていることに気づいてみましょう。

「あ、今、グルグル思考に巻き込まれているな」

と気づいたら、その瞬間、感情の渦から抜け出し、客観的視点で自分自身を見つめることができています。そして、我に返ることができます。

「さっきまで、ずいぶん長い時間、悲観的な考えに支配されていたなぁ」

「相手のことを許さないなんて、ずいぶんわたしは悔しかったのだな」

こんなふうに、自分自身の認知を客観的に振り返ることができれば、つまり、『メタ認知』ができれば、あなたはもう遊覧船に乗り、安全な場所から渦潮を眺めることができているはずです。

そう。ついさっきまで自分が溺れかけていた渦潮を、です。

こんなふうに、自分の認知を認知する『メタ認知』ができるようになるといいですね。

「行動記録表」をつける——セルフモニタリングの重要性

認知行動療法を続けていくと、自分で自分の感情をコントロールできるようになります。そのためには、自分自身の「考え方のクセ」や「行動パターン」を知る必要があります。

あなたは、どんなときに不安になりますか。どんな時間帯が落ち込みやすいですか。

なんとなくわかっているつもりの自分の認知行動パターンを、改めて客観的に見つめなおしてみましょう。

方法は簡単です。日々の行動を『行動記録表』に書き記すのです。

朝、何時に起床して、朝食を食べ、身支度をして、出かける。昼食を食べて、お昼寝をしてテレビを観て、夕方散歩に出かける。夕食を食べて、お風呂に入って、就寝、といった具合に時間軸に沿って、表に自分の行動を記録していきます。

そして、その日に感じたこと、考えたことを下欄の枠に書き込みます。

●なぜ、行動記録表をつけるのか

記録していくと、さまざまなことに気づきます。天気や曜日によって気分が異なることもあります。あるできごとに関連して気持ちが落ち込むという事実に気づくこともあります。

このように、日々の記録を書き記していくうちに、自分の行動や考え方、とらえ方のクセに客観的に気づけるようになるのが、行動記録表の利点です。

もちろん、不眠症の方や昼夜逆転している方の行動記録としても役立ちます。パニック症のエクスポージャー法（曝露法）の実践経過を記録することもできます。

不眠症で「夜眠れない」といいながら昼寝をする方が、行動記録をつけることで、その事実に気づいたケースもあります。

ゲーム依存の男性が、行動記録をつけることで、一日の大半をゲームに費やしていることに気づき、行動を変えるきっかけになったこともあります。

自分の行動や感情、考えを客観的に観察することを「セルフモニタリング」といいます。

これから取り組もうとしている達成目標に向けて、その経過を記録し、客観的に検証することが目的です。

行動を記録することで、自分の変化に気づいたり、「考え方のクセ」に気づいたりします。

記録をつけることで、自分の取り組みが目に見えてはっきりわかるので、モチベーションが上がったり、次の目標設定に役立てたりできます。

少しずつ目標達成できたり、新たな気づきが得られたり、課題をクリアするために工夫をしたりする経過を記録することで、自信につながり自己肯定感情が高まることもあります。

行動記録表 セルフモニタリング

不安の強い女性の例

<table>
<tr><th>時間</th><th>/ ( )</th><th>/ ( )</th><th>/ ( )</th><th>/ ( )</th><th>/ ( )</th><th>/ ( )</th><th>/ ( )</th></tr>
<tr><td>6時</td><td></td><td></td><td>起床</td><td>起床</td><td>起床</td><td>起床</td><td></td></tr>
<tr><td>8時</td><td>起床</td><td></td><td>朝食</td><td>風呂</td><td>朝食</td><td>朝食</td><td></td></tr>
<tr><td>10時</td><td>朝食</td><td>起床</td><td></td><td></td><td colspan="2" rowspan="4">ネットを見て「もしも」に入りそうになった</td><td></td></tr>
<tr><td>12時</td><td>昼食</td><td>朝昼食</td><td>昼食</td><td>昼食</td><td></td></tr>
<tr><td>14時</td><td>読書</td><td></td><td></td><td></td><td></td></tr>
<tr><td>16時</td><td>散歩</td><td>散歩</td><td>散歩</td><td>散歩</td><td></td></tr>
<tr><td>18時</td><td>夕食</td><td></td><td></td><td>夕食</td><td></td><td></td><td></td></tr>
<tr><td>20時</td><td>テレビ</td><td>夕食</td><td>夕食</td><td>風呂</td><td>夕食</td><td>夕食</td><td></td></tr>
<tr><td>22時</td><td>風呂</td><td>風呂</td><td>就寝</td><td></td><td>風呂</td><td>テレビ</td><td></td></tr>
<tr><td>24時</td><td>読書</td><td>就寝</td><td></td><td>就寝</td><td>読書</td><td>読書</td><td></td></tr>
<tr><td></td><td>就寝</td><td></td><td></td><td></td><td>就寝</td><td>就寝</td><td></td></tr>
<tr><td></td><td></td><td></td><td></td><td></td><td></td><td></td><td></td></tr>
<tr><td>認知</td><td>読書をして「もしも」に入らないようにした</td><td></td><td></td><td></td><td></td><td>「もしも」に入りそうになったが止めた</td><td></td></tr>
</table>

ゲーム依存の男性の例

<table>
<tr><th>時間</th><th>/ ( )</th><th>/ ( )</th><th>/ ( )</th><th>/ ( )</th><th>/ ( )</th><th>/ ( )</th><th>/ ( )</th></tr>
<tr><td>0時</td><td rowspan="2">ネットゲーム</td><td rowspan="2">ネットゲーム</td><td rowspan="2">ネットゲーム</td><td rowspan="2">ネットゲーム</td><td>ネットゲーム</td><td>ネットゲーム</td><td rowspan="2">ネットゲーム</td></tr>
<tr><td>2時</td><td>ネットサーフィン</td><td>ネットサーフィン</td></tr>
<tr><td>4時</td><td>YouTube</td><td>ネットサーフィン</td><td>ネットサーフィン</td><td>ネットサーフィン</td><td rowspan="3">就寝</td><td rowspan="5">就寝</td><td>YouTube</td></tr>
<tr><td>6時</td><td rowspan="4">就寝</td><td rowspan="3">就寝</td><td rowspan="4">就寝</td><td rowspan="4">就寝</td><td rowspan="4">就寝</td></tr>
<tr><td>8時</td></tr>
<tr><td>10時</td><td>昼食</td></tr>
<tr><td>12時</td><td>昼食</td><td rowspan="2">コンビニ</td></tr>
<tr><td>14時</td><td>昼食</td><td>携帯ゲーム</td><td>昼食</td><td>昼食</td><td>昼食</td><td>昼食</td></tr>
<tr><td>16時</td><td>テレビ</td><td>テレビ</td><td rowspan="2">テレビ</td><td rowspan="2">本屋</td><td>テレビ</td><td rowspan="2">テレビ</td><td>携帯ゲーム</td></tr>
<tr><td>18時</td><td>夕食</td><td>夕食</td><td>夕食</td><td>テレビ</td></tr>
<tr><td>20時</td><td>風呂</td><td>テレビ</td><td>夕食</td><td>夕食</td><td>風呂</td><td>夕食</td><td>夕食</td></tr>
<tr><td>22時</td><td>ネットゲーム</td><td>ネットゲーム</td><td>ネットゲーム</td><td>ネットゲーム</td><td>ネットゲーム</td><td>ネットゲーム</td><td></td></tr>
</table>

行動記録表 セルフモニタリング

時間	/（ ）	/（ ）	/（ ）	/（ ）	/（ ）	/（ ）	/（ ）
6時							
8時							
10時							
12時							
14時							
16時							
18時							
20時							
22時							
24時							
認知							

行動記録表の例にあげたケースの一例目は、「もしも〇〇だったらどうしよう」という不安に常に付きまとわれていた女性です。

記録をつける以前は、無意識のうちに「もしも」が始まり、四六時中、心配事がつきませんでした。たとえば、ネットニュースでひったくり事件を見たとします。そうすると、自分自身に照らし合わせて「もしもひったくり犯がこの町にやってきたら自分も被害に遭うかもしれない」と不安になり、「危ないから外出はやめておこう」と引きこもりがちになります。何もしていなくても、「もしもこの先、両親が亡くなって一人ぼっちになってしまったらどうしよう」と考えると悲しくなって何も手につかなくなります。しかし、記録をつけてからは、「もしも」がこころの中で始まると、そのことに気づけるようになりました。そして、読書をすることで「もしも」から離れる方法を自分なりに思いつき、自分で止められるようになりました。

行動記録表の例にあげた二例目は、ゲーム依存の男性です。昼夜逆転とゲーム依存が悩みの種でしたが、記録をつけることにより、生活リズムが一目瞭然となり、客観的に把握できるようになりました。そこで、日中にコンビニや書店に出かけるように工夫したり、就寝時間を早めるよう努力したりしました。

このように、自分の行動や感情、考え方や、目標達成に向けての経過を記録していくことは、客観的視点を育むのにも役立ちます。

客観的検証を重ねるうちに、さまざまな気づきが得られ、自分なりに課題クリアのため工夫を凝らすようになるんですね。

●行動記録表による気づき

あなたは、どんな自分になりたいですか。

今、困っていることで改善したいと思っていることは何ですか。

この本の最初に、ワークシートに書き込んだことを思い出してください。

そして、日々の行動記録を表に書き込んでいきましょう。

真面目な人は、ほどほどにしましょうね。表をびっしり埋めなくても大丈夫ですよ。毎日同じルーティンなら書き飛ばしても結構ですし、特別なことがあったときだけピックアップして書き込んでもいいんですよ。

その日に起きたできごとや行動だけを記録するのではなく、できればそのときに考えたこと、感じたこともあわせて書き留めるようにしてください。

日々の落ち込みを記録するうちに、天気や気温と気分が関係していることに気づいた方がいました。くもりや雨の日に調子悪くなる方は多いですね。台風の前日に調子を崩しがちな人もいます。寒暖の差が激しい日が続くと、身体が重く感じて日常生活をスムーズに送れない人もいます。これまでは「なんとなく調子が悪い」「自分はダメなのかな」と思っていた方も、記録表を書き込むうちに「今日は雨だから調子が悪いのであって、自分がダメなわけではない」

と受け止められるようになります。また、「寒くなると気分が落ち込みやすくなるから、早めに暖房をかけて部屋を暖かくしよう」と対策ができるようになります。

最初から意図して記録するのではなく、記録していくうちに、さまざまなことに気づいて、自分なりに工夫し始めるといった具合です。初めから気負わずにボチボチ取り組んでみましょうね。

一方で「こういう記録をつけるのは苦手」という方もいると思います。

そんな方は無理しなくていいんです。「記録をつけなきゃ、つけなきゃ」と思いながらも億劫でなかなか記録できず、行動記録表をつけるということ自体がストレスになってしまうことがあります。そんなときは、行動記録表をつけること自体を休憩してかまいませんからね。

たまに、「行動記録表をつけるのを忘れていました」と落ち込む方がいますが、これは本末転倒です。落ち込まないための認知行動療法なのに、行動記録表をつけるという行為自体が落ち込みを誘発していたら元も子もありませんからね。

セルフモニタリングの方法は、何も行動記録表をつけることに限ったことではありません。日々のできごとや行動で何か気がついたときにだけ、ちょっと手帳に記録するだけでも十分なのです。

四角四面に受け止めて、「ねばならない」思考にとらわれないようにしましょうね。

●行動療法の基本

このセルフモニタリングは、お子さんの行動療法に応用することもできます。

お子さんの望ましくない行動を改善したいとき、あなたとお子さんで一緒にセルフモニタリング表を作成してみてもいいですね。

行動療法の基本は、「ほめる」ことです。望ましい行動が起きたときは、たくさんほめましょう。望ましくない行動が起きたときは、叱らず、注意せず、黙ってスルーします。そうすることで、少しずつ望ましい行動が増えて、望ましくない行動は消去されます。

セルフモニタリング表は、簡潔に、望ましい行動とはどういう行動なのか明確にして、できた日はハナマル、できなかった日は空欄のまま置いておきます。×はつけません。何も書かずに空欄にしましょう。

セルフモニタリング表

	月　日 （　）	月　日 （　）	月　日 （　）	月　日 （　）	月　日 （　）	月　日 （　）
蹴らなかった	✿			✿	✿	✿
「あほ」「ばか」と言わなかった		✿		✿		✿
「ごめんなさい」と言えた	✿	✿	✿	✿	✿	✿

ある小学生男子のケースを紹介します。６年生のＢ君は、自閉症スペクトラムの男の子です。彼は機嫌を損ねると、「あほ、ばか、死ね」と暴言をはいたり、母親や教師を蹴ったりする癖がありました。母親も教師もその都度注意するのですが、なかなか改善しません。そこで、Ｂ君とルールを決め、蹴らなかった日、暴言を吐かなかった日はハナマル、「ごめんなさい」が言えた日はハナマル、というように毎日、その日のことを振り返ることにしました。「ごめんなさい」が言えた日、という項目を作ったのには理由があります。もしも、Ｂ君が蹴ったり、暴言を吐いたりしても、「ごめんなさい」が言えたら、最低一つはハナマルがつけられます。自己肯定感情が低いＢ君のために、少しでもたくさんハナマルをつけてほしいと考えたのでした。

結果は、効果てきめん。３週間続けましたが、ハナマルだらけの表が完成しました。このように、セルフモニタリングには、「自分で行動をコントロールできる」ことを実感させ、自己肯定感情を高める効果も期待できます。

これまで、母親や教師に注意され続けていたＢ君ですが、課題について自分自身が振り返り、ハナマルをもらおうと意識して行動を変えた結果、大きな変化につながったと考えられます。セルフモニタリングは、決して反省の材料にしてもらいたくありません。「できた」「次もやってみよう」「新たな発見があった」と気づくためのツールとして利用してくださいね。

●自分をほめるホームワーク

ここで、セルフモニタリングにまつわるエピソードを一つ紹介します。

まだ、わたしが大学院生だったころ。神戸心理療法センターの研修生として臨床心理学を学んでいたときの話です。

当時のわたしは、自分のことが嫌いでした。自分の足りないところを見つけては、「まだ足りない」「もっと足りない」と、叱咤激励することが正しい道だと信じていました。

自分のことが好きな人なんて、自分に甘いだけでなんの成長もない、恥ずかしいことだと思っていました。

そんなわたしに、当時の神戸心理療法センターの代表であるボスが、ある宿題を出しました。

認知行動療法では、『ホームワーク』といって、自宅で取り組むための課題を出すことがあります。

わたしに出された『ホームワーク』はセルフモニタリングの宿題でした。

もしよろしければ、あなたもやってみてくださいね。

①夜、寝る前に、その日にあったできごとを思い浮かべる
②その日にあった、がんばったこと、よかったことを一つ見つける
③自分の名前を呼んで、声に出して自分のことをほめる

（例）

「ゆうこ、今日はたくさんの人の前でがんばって話せてえらかったね。がんばったね」

④ ②が思い浮かばない場合、いろいろあったがなんとか一日を終えることができてよかったね、とほめる

⑤ これを１００日間（約3か月）続ける

臨床心理を学びたくて研修を受けていたわたしにとって、ボスの教えは絶対でした。ですから、その日から、さっそく『ホームワーク』に取り組みました。

しかし、自分を毎日ほめるなんて、できるわけがありません。毎晩毎晩、自分をほめるネタがなく、「今日は信号が青でよかったね」とか、「今日は電車に間に合ってよかったね」とか、たまに良いことがあると、「今日は良いことがあってよかったね。○○さんが手伝ってくれたおかげだね」というのが関の山でした。

そして、ホームワークに取り組みながら、「こんなことやって、本当に自信がつくのだろうか」と疑問ばかりがわいてきました。

「こんなことをやって、何になるんだ」

「ただの自画自賛じゃないか」

「自分をほめるなんて、自分を甘やかせるだけだ」

「自分を甘やかせて良いことなんてあるはずがない」

「反省と努力、思い上がらない謙虚さこそが美徳で、自分をほめるなんて、ばかばかしい」

そんなふうに考えながら100日を過ごしました。ばかばかしい、と思いながらも、ボスの言いつけなので、仕方なく続けたのです。

3か月経った頃、わたしに変化が起こりました。

「一日のできごとを振り返り、毎日自分のことを声に出してほめる」というホームワークを続けた結果、わたしは本当に変わりました。

些細なできごとで落ち込まなくなりました。自分を責めなくなりました。

「そんなこともあるさ」

「ドンマイ」

「まぁ、しょうがないよね」

そうやって割り切れるようになりました。

そして、うまくいったときは
「やった!」

「できてよかった！」

と、素直に喜べるようになりました。

「自分が自分らしく行動していていいんだ、大丈夫だ」という根拠のない自信までもてるようになりました。

毎日自分をほめるだけで、本当に自信がつくのか。あなたも眉唾ものだと思うでしょう。何を隠そう、昔のわたしもそうでした。ですから、あなたも、だまされたと思ってやってみてほしいのです。

きっと自分自身のことを好きになり、自信がもてるようになりますよ。

「マインドフルネス」を取り入れる――今、この瞬間に着目する

「なんであんなこと言っちゃったのだろう」
「わたしは価値のない人間だと思われている」
「どうせ何をやってもうまくできない」

モヤモヤ。モンモン。グルグル。

一度、負のスパイラルに陥ってしまったら、エンドレスに頭の中で同じことを繰り返し、そのマイナスな考えがさらに自分を落ち込ませていく…。まるで、らせん階段をグルグルと降りていくかのように。

昼間にやってしまった失敗を、帰りの電車の中で何度も繰り返し思い出しながら、自分を責め続けて、自分の考えの中に埋没してしまい、途中、自分の乗っている電車が何駅か

通過したことに気づかなかった、ということはありませんか。

ちょっとここで、牛が牧草を食べているところを思い浮かべてください。

牛は、まず口でエサを咀嚼《そしゃく》し、飲み込んだと思ったら、また胃から再び口に戻して咀嚼するという過程を繰り返します。この消化の方法を反芻《はんすう》といいます。認知行動療法では、この牛の反芻を例にとって、同じことばかりグルグルと繰り返し何度も頭の中で考え続ける認知パターンを『反芻』というのです。

「反芻」すると、自分で自分を責め続けたり、自分自身にダメ出しをしたりして、結果的に、気持ちをさらに落ち込ませてしまうことになります。

たとえば、上司から「君、あの書類まちがっていたよ」と言われたとします。

その直後は、「まさか！」「そんなはずない」というように、「ビックリした」という単純な反応かもしれません。

しかし、そのあと

「こんな簡単なことでミスをするなんて、自分はなんてダメな人間なんだ」

「職場に迷惑をかけてしまった」

「上司に使えない人間だと思われたにちがいない」

と考えるにつれて、だんだん落ち込み始め、さらに、同じようなことをグルグルと反芻するうちに、いよいよ「生きていてもしかたない」と、自分を追い込みかねません。

そんな負のスパイラルに陥ったときは、いったいどうすればよいのでしょうか。

マイナス思考のぐるぐるらせん階段から脱却するには、まず、反芻している自分に気づくことです。

その、気づけた自分を「よく気づけたね」とほめてあげましょう。

そして、マイナス思考を消そうとするのではなく、そのまま放っておいてください。

不思議なもので、「消そう、消そう」とすると余計に気になるもので、なかなか離れられなくなるのです。

ですから、マイナス思考がわいてきても、無理に消そうとするのではなく、そのままにしておきます。

●マインドフルネスとは

マインドフルネスとは、「今、この瞬間に着目する」という手法です。

１９７９年にマサチューセッツ大学のジョン・カバットジン（Jon Kabat-Zinn）博士が、ストレス関連障害、慢性疼痛、高血圧、頭痛などの症状を改善するためのプログラムとして「マインドフルネスストレス低減法」を開発しました。もともとは仏教から発祥した瞑想ですが、宗教色を一切なくすことで、世界中で実践されるようになりました。

わたしたちの心は、常に動いていて、あっちに行ったりこっちに行ったり一つのところにとどまることを知りません。さっき未来のことを考えていたかと思えば、過去のできごとを振り返ったりして、「心ここにあらず」の状態がしょっちゅうあります。

わたしは、よく仕事帰りに車を運転しながら、夕食の段取りを考えます。冷蔵庫の中身はなんだったか、子どもの習い事の時間に間に合うための手軽な調理法は何か、あれこれと考えます。また、その日に心理面接でお話をした人のことを思い出しながら、運転をすることもあります。

そのとき、ふと、先ほどの交差点の信号は、青だったか、赤ではなかったはずだけれど、きちんと見ていない、覚えていないというときがあります。

わたしの身体は、車にあって、確かにハンドルを握り、アクセルを踏んでいたはずなのに、心は過去に行ったり、未来に行ったりして、「今、この瞬間」にはいなかった、ということが結構あるのです。

あなたにも、似たような体験はありませんか。台所でシチューの鍋をかき混ぜながら、さっき話していたママ友さんとのやりとりを思い出して、「言い過ぎたのではないか」「余計なことを言ってしまったのではないか」とあれこれ思いめぐらすことはないでしょうか。目の前のシチューのことはすっかり忘れて、手にオタマをもっていることも頭の中からすっかり抜け落ちて、腕と手首だけが自動的にシチューをかき混ぜながら、思考はまったく別のところへいってしまう、こんなことが誰にでもあると思います。

このように、人のこころは、空を流れゆく雲のようにフワフワと、あっちに行ったりこっちに行ったりするものなのです。

わたしたちは、今この瞬間を生きているようでいて、実は過去や未来のことを考えて、「今、ここ」にいないときがあります。

先ほどの、グルグル思考のように、わたしたちは「あのときどうしてあんなことになってしまったのだろう」と過去のできごとにとらわれたり、「もしああなったらどうしよう」と、未来の不安に頭がいっぱいになったり、知らず知らずのうちに、多くの時間を費やすことがあります。

あれこれと考えをめぐらすことで、どんどんマイナス思考に陥り、まるで自分の悪い想像をあたかも現実のように感じ、自分自身を落ち込ませたり、不安を増幅させたりします。つまり、自分で不安やストレスを増幅させてしまっているのです。

最初は、「もしかしたら今日の発言で、自分は無能なやつだとみんなに思われたんじゃないか」と気になる程度だったとします。そこから、あれこれと考えごとをするうちに、だんだん「わたしのいないところで、みんなで悪口を言っているにちがいない」と、確信めいた感覚に陥ります。オフィスの会議室で上司や同僚が自分の悪口を言っている状況を、まるで映画を見ているようにありありと想像します。さらに、「これから先、会議でわたしが発言しても、みんなあざ笑うばかりで、自分の意見なんか相手にされなくなるんだ」と、まるでそれが決定事項のように悲観的イメージを思い浮かべます。もうそのころには、この悲観的なイメージが自分の考えによって作り出された想像上のものであることなどすっかり忘れてしまっています。そして、今、自分がお箸とお茶碗をもって食べ物を口に入れようとしていることは、ただ自動的に動いているだけで、今、口の中に入れたおかずが肉なのか野菜なのかといったことは気にもとめずに咀嚼しています。

こうした「心ここにあらず」の状態から「今この瞬間」に立ち戻り、集中することを「マインドフルネス」といいます。

●マインドフルネスと認知行動療法の違い

マインドフルネスでは、これまで認知行動療法でお伝えしてきたような「認知を修正する」

ということはしません。

悲しみ、怒り、不安、緊張、抑うつ、さまざまな感情がわき起こったとしても、無理にその感情をなくそうとしません。

頭の中にぐるぐると自分を責める考えや相手を攻撃するような考えが渦巻くときも、その考えを変えることはしません。

ただ、今、この瞬間に感じていることを「あぁ、わたしは今、あの人にわかってほしいのにわかってくれないと考えて、悔しかったり悲しかったり腹が立ったりするんだな」と味わいます。そして、そのままにします。

グルグルと悲観的な思考をさらに下へ下へと掘り起こすようなこともしないで、ただその考えを川に流れてくる葉っぱのように、そのままにしておくのです。

怒り、不安、悲しみ、苦しみなど感情の波に押し流されると、いつしか自分を見失い、やがて滝つぼに落ちてしまいます。

マインドフルネスは、自分の感情を、少し離れたところから客観的視点をもって観察する手法です。まるで、川を流れる葉っぱのように、「今、自分は不安なんだな」とか「今、わたしは落ち込んでいるんだな」と客観的に観察するだけで、それを修正することはありません。

ただ、川を流れる葉っぱを岸辺から眺めるように、感情が通り過ぎるのを眺めるのです。

「何も感じない」ことを目的とするのではありません。怒らないように、悲しまないように、

感情をもたないように、という目標ではありません。ただ、感情におぼれないようにするのです。

わたしたちは、常日頃から、無意識のうちにさまざまなことを考えています。「もしもこの先～だったら」とか、「あのとき～すればよかった」など、人のこころはあっちに行ったり、こっちに行ったり、過去に行ったり、未来に行ったり、大忙しです。そして、グルグル思考を続けていくうちに、自分の感情の波におぼれてしまい、自分自身を苦しめています。

でも、大丈夫。こころがあっちに行ったりこっちに行ったりするのは、あなただけではありませんよ。わたしのこころも、しょっちゅうさまよっていますし、見失っています。

こころそのものが、一つのところにとどまらないという性質をもつので、当然のことです。ですから、「今、この瞬間」に着目するというのは、わたしたちのこころが過去に行ったり未来に行ったりしても、それをとがめないで、批判することもせず、自分を責めることもしなくてよいのです。ただ、「今の自分はどこにいるかな？」と、こころの状態を観察するだけでよいです。

でも、そもそも、自分のこころの状態ってどのように観察すればいいんだろう？と思うかもしれませんね。

●「doing」と「being」の違い

わたしたちは、たとえば、「ご飯を食べる」とか、「仕事をする」とか、「話をする」とか、「寝

こんな風に
感じているんだ
怒り
苦しみ
悲しみ
不安

る」など、どんなことでも「〜する」ことにとらわれがちです。「〜する」ということを英語で「doing」といいますが、評価の基準も行動することに焦点をあてがちです。

一方、マインドフルネスは「being」、つまり「いること」「〜であること」という状態に焦点を当てます。つまり、「行動」よりも「状態」に着目するのです。

たとえば、面接試験の順番を待っているときに、緊張が高まり落ちつかなくなることがありますよね。そんなとき、「doing モード」の人は、「深呼吸をし」たり、面接用バイブルを「読んだ」り、ぶつぶつと口の中で自己アピールを「練習し」たり、さまざまな『行動』をとります。何かを「する」ことで問題解決しようと試みるのです。

一方、「being モード」の人は、今この瞬間の自分の『状態』を観察することで、不安や緊張状態を客観的にとらえようとします。

「面接の順番が回ってきて、うまくできるかなと頭で考えて、緊張感が増してきたな…。呼吸はどうだろう。浅く、速くなってきたな。心臓はどうか。ドキドキ早鐘のようになっている…。手足はどうだろう。汗をかいているな。力が入っているな…」というように、頭の中の考えや体の変化をつぶさに観察していきます。

その状態を変えようとか、「リラックスしよう」とか、「緊張してはいけない」と批判することもしません。

●マインドフルネス瞑想

そのまま、あるがままの自分の状態を観察するのが、マインドフルネスのやり方です。といっても、まだ漠然としてよくわからない、という方がいるでしょうね。もう少し具体的に、どんなふうに観察すればよいか、お伝えしましょう。

わたしたちは、無意識にどんなときでも呼吸をしています。人間は、数日寝なくても、数日食べなくても生きていけますが、呼吸をしなければ死んでしまいます。この、いつも無意識にしている呼吸に意識を向けてみましょう。

マインドフルネス瞑想です。

さぁ、あなたも、一緒にやってみてくださいね。

まず、あなたが、今、呼吸していることに気づきましょう・・・。鼻筋を通って、鼻先に意識を集中します。息をするたびに、空気が鼻先を出たり入ったりする様子を味わいましょう。ちょうど、鼻の孔《あな》の出入り口のところを空気がこすれ、摩擦する様子を味わってください。そして、鼻の孔を空気が出たり入ったり、通り抜ける様子に注意を向けます・・・。空気は冷たく感じますか。それともあたたかく感じるでしょうか。・・・それでは次は肩の様子を味わってみましょう。肩はどのように動いていますか。呼吸をするたびに肩が上がったり下がったりしているでしょうか・・・。お腹はどうでしょうか。息をするたびに、ふくらんだりしぼんだりしていますか・・・。胸の動きもよく観察してみましょう。肋骨が開いたり閉じたり、横隔膜が上がったり下がったり、胸全体が上がったり下がったりしています。もう一度、今、あなたの中に入っては出ていく呼吸に集中してみましょう・・・。呼吸をするたびに、鼻の孔から鼻の中を通って、気道を通り、肺に空気が届きます。肺の奥まで空気が行きわたり、肺胞ひとつひとつが膨らんだりしぼんだりする様子を味わってみましょう。そう。わたしたちは呼吸をするたびに、身体全体でリズムを刻みながら、ふくらんだりしぼんだり、上がったり下がったりしているのです・・・。普段は何も考えず無意識にしている呼吸の様子を改めてじっくりと味わってください。

マインドフル瞑想は、今この瞬間、呼吸をしていることに気づく、という瞑想法です。呼吸に意識を向けながら、途中で知らず知らずのうちに考えごとをしていたり、別のことに気がそぞろになったりするかもしれませんが、そんなときも良いとか悪いとか、正しいとか間違っているとか判断せずに、考えが横道にそれていたことに気づいたら、自分を責めることなく、また呼吸に集中します。

「こんなことして何になるんだろう」

「そういえば、あの人、あんなこと言ってたな…」

「遠くで車の走る音が聞こえる」

「あれ、雨が降りそうじゃない？　傘もってきたかな」

こんなふうに、マインドフルネス瞑想をしている途中でも、頭の中にはさまざまな考えが、空に浮かぶ雲のように浮かんでは消え、また浮かんでは消えしていくことでしょう。こころは、常に動いているものですから、いろんなことが頭に浮かんでくることは当たり前です。

ですから、知らないうちに、いつのまにか考えごとをしていたら「考えごとをしていることに気づけてよかった」と自分をねぎらい、そして静かに、また呼吸の様子を味わうようにします。

さて、あなたは、面接の会場で順番を待っているところでした。けれど、マインドフルネス瞑想をしているうちに気持ちが静かになり、心臓のドキドキは少し落ち着いてるのではないでしょうか。

マインドフルネス瞑想は、説明を読んだだけではわかりづらいかもしれません。そんな人のために動画を用意しましたので、ぜひご覧ください。

マインドフルネス瞑想

●ボディスキャン

次にマインドフルネスの「今、ここに集中する」エクササイズとして、『ボディスキャン』を紹介します。

ボディスキャンは、特に体と対話し、体と心のつながりを回復させる効果の高いエクササイズです。ボディスキャンを行うことで、筋肉や心の緊張に気づきやすくなり、普段は気づかない体や心の不調を早期に発見することもできます。

『ボディスキャン』では、体の一部分に意識を集中します。体の各部分をサーチライトがゆっくりと照らし出すように、順番に身体の様子を観察します。

まず、ゆったりと横になりましょう。そして、左の足の先に注目します・・・。靴下をはいている場合は、靴下の布の感触に気づくかもしれません。部屋の空気の温度を感じるかもしれません。あるいは何も感じないかもしれません・・・。何も感じなくてもいいのです。そんなときは、「何も感じない」ということに気づいたわけですから、それでいいのです。

左の足先を確認したら、今度は、左の足の裏全体を味わいます・・・。土踏まずの部分はどうでしょうか。かかとは床に当たっていますか・・・。カーペットや畳、フローリングなど床の素材を感じるかもしれません。外出先でボディスキャンをする場合は、寝転がることはむずかしいかもしれませんね。そんなときでも、座ったまま実践できますよ。靴を履いているときは、靴の中で、足の部分が靴に当たっているところ、当たっていない所があるでしょう・・・。蒸れる感じに気づくかもしれません。普段は、気にも留めずやりすごしていることも、じっくり一か所に集中すると、さまざまなことに気づくかもしれません。

さぁ、左の足先から足首、ふくらはぎ、すね、膝、もも、というふうに、こころのサーチライトをゆっくり丁寧に味わってみましょう・・・。足首は、床から浮いているか、ふくらはぎは緊張しているか、リラックスしているか、すね、膝は力が入っているか入っていないか。ズボンをはいている場合は、布との接触面を味わいます。また、半ズボンなどで素肌が出ている場合は、部屋の空気が循環し、素肌をなでる様子も味わいます。

もも、足の付け根まで確認したら、今度は右の足先に意識を向けます・・・。左足と同じように、ゆっくりと丁寧に足の各部分を味わっていきます。確認しながら、呼吸に集中してみましょう・・・。鼻から吸った息が、集中している箇所まで行きわたり、また鼻へ戻って吐く息として出ていく様子も味わってみましょう・・・。

ボディスキャンもマインドフルネスのエクササイズですから、途中で何か考え事をしたり、ふと気がそぞろになったりすることがあるかもしれません。そんなときも、人のこころはあっちに行ったりこっちに行ったりするものですから、自分を責めずに優しくいたわりをもって、また体の一部分に集中します。

わたしもボディスキャンをしているといつのまにか夢を見ているときがあります。考えごとをしているようで、いつのまにかまったく関係のないことが浮かんできて、ハッと夢の世界に入りかけていたことに気づきます。とても長い間、意識が身体から離れていたような気がするのですが、実際には数秒のできごとだったりします。たった数秒でこんなにもいろいろと考えごとをするなんて改めてこころの動きには驚かされます。そんなふうに、意識が別のところに行ってしまっても、離れていたことに気がついたら、また先ほどまで集中していた身体の箇所に意識を戻すようにすればよいのです。


右足の付け根までできたら、骨盤に集中しましょう・・・。お尻と床との接地面、あたたかさ、座っている場合でしたら、椅子の材質や固さもお尻を通じて感じるかもしれません。

骨盤の次は、背骨です。背骨は、ひとつひとつの骨が積み木のように組み合って身体を支えています。その一本一本を味わうように集中していきましょう・・・。背中も、床に触れている部分、そうでない部分、床の冷たい感じ、温かい感じを味わいましょう。肩甲骨はどうでしょうか。緊張して力が入っていたり、左右のバランスがどちらかに偏っている場合もあるかもしれません。たとえば、背中に集中すると背中の筋肉がピクピクっと反応することがあります。そのときも、あわてず、今、背中の右の部分がピクピクしたな、ということに気づいてまた背中に集中します。こころとからだはつながっているんだなぁと実感しますね。

はい。今度は、お腹です。おへその下あたりに集中しましょう・・・。呼吸をするたびにお腹がふくらんだりへこんだりしているのに気づきます。もしかすると、お腹の中でグルグルと音が鳴るかもしれません。腸が動いている感覚に気づく人もいるでしょう。

お腹の次は、胸です。息を吸うたびに、横隔膜が下がり、肋骨が上がり、広がります。息を吐くと、横隔膜は上がり、肋骨はしぼみ、胸が下がります・・・。心臓がドッキンドッキン脈を打っている様子を観察しましょう・・・。思ったよりも、速いと感じるかもしれませんし、ゆっくりと感じるかもしれませんが、どれが正しいということはありません。その瞬間、瞬間に起きている身体の状態をありのままに観察します。

それから、胸の次は、左の手、指先に注目しましょう・・・。左の手指、一本一本、関節、爪の感じ、そこから、手のひらの感覚、手の甲の感覚、手首、腕、ひじ、二の腕、肩とゆっくりとスポットライトが当たるようにありのままに観察していきます。今度は、右手も同じように順番に集中します。

肩、首は、呼吸をするごとに、上がったり下がったり、気道を空気が行ったり来たりする様子を味わいましょう・・。力が入っていても、大丈夫です。良いとか悪いとか、正しいとか間違っているという価値判断はしないで、力が入っているときは、力が入っているな、とそのままに受け止めましょう。

さぁ、今度は顔ですよ。あご、口、頬、鼻と順番に集中してみましょう・・・。口の中で歯はかみ合っていますか。それとも、口の中で歯はかみ合わず浮いているでしょうか。知らず知らずのうちに奥歯を噛み締めていることもあるでしょう。また舌はどのように収まっていますか。じっくり観察してみましょう・・・。鼻の孔の先で、呼吸が出たり入ったり、かすかに空気が触れる感じを味わってください。鼻の孔を呼吸が通っていく様子も確認します。意外にも片鼻だけつまって、一方の鼻の孔だけ空気が通っている場合もあります。そして、目の奥にある空間に意識を向けます。呼吸をするたびに、その空間に空気が届き、循環し、また鼻へと戻っていくのを感じましょう。

最後は、頭です。頭蓋骨の感覚、後頭部が床に触れる感じ、頭の表面に力がはいっているかどうか、頭の中心部にも意識を向けてみましょう・・・。頭頂部に意識を向けたら、今度は、身体全体がリズムを刻みながら呼吸をしている様子を味わい、自分の良いと思うタイミングで終了してください。急に起き上がるとふらつくことがあるので、手のひらを握ったり開いたりしてから、体

ボディスキャン

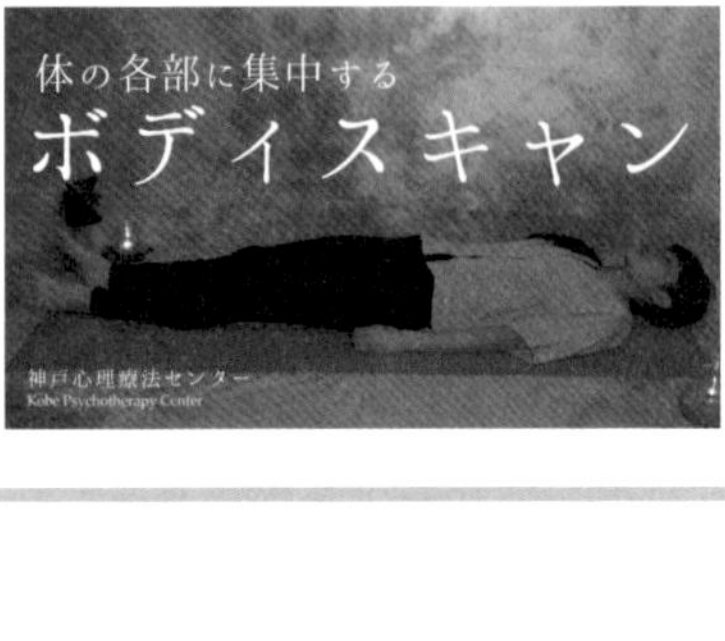

全体で大きく伸びをして、身体を横に向けて、手のひらで床をゆっくり押しながら起き上がってくださいね。

ボディスキャンは、ストレスを身体症状として感じる人にもおすすめです。強いストレスを抱え、自律神経系のバランスが乱れると、身体の一部がピクピク不随意運動をすることがあります。こうした身体症状が気になりだすと、どんどん不安になり、夜も眠れない、また、朝方、目が覚める、という方が結構いらっしゃいます。そんな方に『ボディスキャン』はおすすめです。布団の中で「また症状が出るのではないか」と考え、自分自身が不安のスイッチを押していると、本当に頭が痛くなったり、背中が痛くなったり、さまざまな症状を発生させる方がおられます。「一生この病気は治らないのではないか」とますます自分を不安にさせる考えが浮かび、頭の中は絶望や不安でいっぱいになります。

そんなときは、この『ボディスキャン』で、頭の中のグルグル思考から脱出しましょう。考え事を消そう消そうとすると、余計に、その考えにとらわれてしまい、自分の思考の渦から逃れられなくなってしまいます。ですから、考えごとを消そうとするのではなく、意識を身体の一部に集中し、今起きている自分の身体の状態を確認していると、自然と先ほどの不安を誘発させる考え方から離れることができますよ。

『ボディスキャン』をしているうちに、少しずつ副交感神経系が優位になり、身体症状も実際に落ち着き、気持ちも体も楽になることでしょう。

また、体に異変を感じない人も、『ボディスキャン』をすると意外な箇所に力が入っていることに気づいたり、左右で感じ方が違うことに気づく人もおられます。自分の身体とはいえ、普段はここまでじっくり自分の身体を観察することはなかなかありませんものね。体のひとつひとつを丁寧に観察することで、その瞬間わきあがる感覚や感情も味わいましょう。あなたは、どんな気づきを得られるでしょうか。

●マインドフルネスイーティング

マインドフルネスは、「今、この瞬間に集中する」という考え方で、いつ、どこでも、どんな状況でもできる実践法です。

特別なヨガマットも椅子もいりませんし、瞑想をするだけがマインドフルネスではありません。「マインドフルネスに食べる」でしたら、「食べる」ことに集中すればいいのです。ここでは『マインドフルネスイーティング』についても少しご紹介しますね。

たとえば、食事をするとき、まずコップを手に取ってみましょう。ガラスのコップでしょうか。それとも陶器のマグカップでしょうか。手触りはどうですか。冷たいかもしれませんし、温かいかもしれません。ツルツルしていますか。それともザラザラしていますか。持ち上げたときの重みはどうでしょうか。

コップを持ち上げるときの、腕の筋肉、ひじ、手首の角度、どの程度傾けると、中のお茶やコーヒーが飲めるでしょうか。

コップから漂う香り、湯気の温度、ゆっくり口の中に流し込み、味わう感覚。ゴクリと飲み込むときの音。すべてのことをひとつひとつ、じっくりと確認するのです。

ごはんでしたら、まずお箸を手に取って、感触を注意深く観察します。お茶碗を手に取ったときの温度、重み。ゆっくり持ち上げたときの腕の筋肉、ひじ、手首の感覚、お箸でごはんを適量とり、口まで運びます。舌にのせた途端、じわーっと唾液がでてきて、ごはんの甘味、うまみが口の中に広がります。まだ噛みません。ゆっくりと噛み締め、味の広がりを観察します。何度か噛んだら今度は、飲み込んでみましょう。のどを通って、胃に落ちていく感覚を味わってください。このお米はどこの地域で収穫されて、どのようにパッケージされて、運送され、店頭に並び、自宅へやってきたのだろう、ということに思いをはせてもいいです。なかには、そういえば昔、おばあちゃんがおにぎりを作ってくれたなぁ、と大切な思い出が浮かぶ人もいるかもしれません。そうしたさまざまな記憶や感情が浮かんできてもそのまま受け入れて、またモグモグする状態を観察するモードに戻っていきます。

……そうしている、今、この瞬間。

あなたは、グルグル思考から離れていることに、気づくことができるでしょう。

●マインドフルネスウォーキング

「マインドフルネスに歩く」ことにしてもしかりです。『マインドフルネスウォーキング』は、マインドフルネスに歩くエクササイズです。だんだん、あなたもマインドフルネスについて、実践の仕方がわかってきたのではないでしょうか。

では、一緒にやってみましょう。

まずは、両足で大地にしっかり立ちます。足の裏の感覚はどうでしょうか。身体の重心はどうでしょうか。じっくり観察します。そこから、右足をゆっくりと前に踏み出してみましょう。右足を浮かせるためには、左足に重心を乗せなければなりません。

右足を浮かせて、前に出し、ゆっくりとかかとを地面につけます。そうすると、左足にかけていた重心が右足に移っていきます。重心を移しながら、右足全体を大地につけていきます。

そうすると、左足のかかとが浮いてきますね。左足の裏が地面から浮き上がるのを感じながら、右足に重心を移していきます。

左足のつま先に残った重心を、完全に右足へ移したとき、左足が浮きます。

その左足を、ゆっくりと前に出し、左足のかかとを大地につけると同時に、右足全体にかかっていた重心が左足に移り、右足のかかとが浮きます。

…というように、ゆーっくり、ゆーっくり、自分の状態を実況中継しながら〝マインドフルネスに〟歩きます。

ジョギングやウォーキングを日課として取り組んでいる方は、ぜひ〝マインドフルネスに〟ジョギングしたりウォーキングしたりしてみてください。

芝生の上を走るときは、靴底から感じる感覚がどうか。頬に受ける風がどんなふうに当たっているか、太陽の光がどちらから照らしていて、街の景色がどのように見えているか、遠くで鳥の声が聞こえるか、どのように感じているか。

「今、この瞬間」を観察しながら味わうのです。

よく、ジョギングしながら考え事をする人がいますが、走りながら、こころが「あのときあそこ」という過去に行ったり、「この先どうしよう」という未来に行ったりすると、今、腕を動かし足を動かして走っている自分の身体だけが自動的に動いていて、こころは「今、ここ」にいない状態になっています。

●マインドフルネスを生活に取り入れる

考え事をしているうちに、あれこれと、いつのまにかグルグル思考に陥って、自分自身を不安にさせたり、落ち込ませたりするようなことがあるなら、ぜひマインドフルネスを生活に取り入れてみてください。

「どうして、わたしだけこんなに大変な思いをしなければいけないんだ」「誰も僕のことなんて気にも留めていない」と、グルグル考えながら、車のハンドルを握っている、あなた。「今日の保護者会で余計なことを言ってしまったかしら」と、グルグル考えながら、キッチンでシチューの鍋をかきまぜている、あなた。今、この瞬間に集中して自分がしていることをマインドフルに感じてみましょう。

ハンドルを握っている手はどんな感じか。ハンドルの素材はどうか。力の入り具合は？　信号は赤で、目の前の歩行者がどんなふうに歩いて通り過ぎるのか、ブレーキペダルに足をかけている足首の角度はどうか。歩行者用信号の音楽や通りに並ぶ店舗から音楽が聞こえているか。そして、今、自分は何を感じているか。今の自分を丁寧に観察していると、さきほどのグルグル思考から離れることができますよ。

シチューの鍋をかき混ぜるときも同じです。香り、かきまぜるシチューの、もったりとした質感、香り、湯気、あたたかさ、鍋肌が焦げ付かないように丁寧に集中してかき混ぜます。

こんなふうに、マインドフルネスは、座って瞑想しなくてもできるんです。椅子に座って、呼吸に集中するだけがマインドフルネスではありません。

いつ、どんなときでも、今の自分を「良い」とか「悪い」とか「正しい」とか「まちがっている」とか価値判断せず、ジャッジせず、ありのままに観察し受け入れること。それがマインドフルネスなのです。

●ありのままの自分を受け入れる

あなたは、緊張したり、恥ずかしくなったりしたとき、顔が真っ赤になること、ありませんか。

わたしは、高校生のとき部活動の筋トレをしていたとき、男の先輩の前でおならをしてしまったことがあります。先輩が足を押さえてくれて、わたしがうつぶせになって背筋を反らします。そのとき、勢いあまって小さく「プッ」とおならが出てしまいました。

そのときのわたしといったら、もう、顔が赤くなるどころの騒ぎではありません。体中から火が燃え上がるほどの恥ずかしさでいっぱいになりました。

筋トレは、みんなで掛け声をしながらするので、そのおならの音が先輩の耳に届いたかはわかりません。匂いがあったかどうか、自分ではまったくわかりませんでした。幸い、先輩は何事もなかったかのように振る舞ってくれました。

本当に気がつかなかったのか、気がつかない振りをしてくれたのか、何十年も経った今でもわかりません。

本書でも交感神経系の働きを紹介しましたが、「恥ずかしい」という状況は、現代社会において、マンモスと遭遇したくらいの人生における大ピンチです。

緊張したとき、ドキドキと鼓動が早くなります。高校生のわたしの場合、ドキドキではなく、「ブワッ」と一瞬で体中の血液が沸騰したかのように感じました。もちろん顔も真っ赤です。鼓動が早くなることで、顔の皮膚のすぐ下の毛細血管に大量の血液が流れたのですね。緊張したとき、恥ずかしいとき、顔が赤くなるという反応は、つまり、誰にでも起こる当たり前のことなのです。

●「赤面症」をあるがままに受け入れる

「あがり症」「赤面症」の人は、自分が顔を赤らめたことで、他の人から自分が緊張していること、恥ずかしがっていることを知られたのではないかと気にします。自分の赤面を気にするあまり、人前などに苦手意識が強まり、余計に緊張感を増幅させることで症状を作り出しています。

あるとき、色白の若い社会人女性が相談にやってきました。ここでは仮に、Yさんとお呼びしましょう。

Yさんは、数年前、学生の頃に「顔が真っ赤だよ」と笑われたことがきっかけとなり、赤面恐怖症となりました。以来、人前に出るような場面は避けるようになりました。同僚が会議で発表する姿を見ると、昇進を越されるようであせる気持ちもありましたが、自分には無理だとあきらめていました。雑談も苦手です。おしゃべりしている最中に自分の顔が赤くなっていないか気になり、会話に集中できなくなるのです。結果、できるだけ目立たないように、人の輪には入らないで、常にマスクをつけ、端の方でひっそりと過ごすことが多くなりました。

でも、Yさんの元来の性格は、活発でおしゃべりな性格なのです。彼女は、本来の自分らしさをまったく失い、職場の昼食休憩も休憩所ではなく、外のカフェにひとりで出かけることが日課になっていました。

心理療法の面接時も、話しながら、「わたし、今、顔が赤いでしょう?」と質問されました。確かに、昔のエピソードや緊張する場面について話すとき、一瞬、サッと顔が赤くなる様子が見て取れました。でも、本当に一瞬です。サッと赤くなって、1秒後にはもう元の顔の色に戻ります。

わたしは、Yさんに見たままをお伝えしました。「一瞬赤くなりますけど、もう今はもとのお顔の色に戻っていますよ。赤くなる時間は1秒あるかないかくらいですよ」と。そして、自分が思っているほど周りの人が気にするほどではないことをお伝えしました。

それよりも、「顔が赤いのが、ばれるのではないか」という予期不安が症状を作り出していること、「不安に思っている心のうちが相手にばれるのは恥ずかしい」という考えが、余計に症状を悪化させていることを説明しました。

そして、顔が赤くなったときも、マインドフルネスに、「今、顔が赤くなっているな」と、ありのままを受け入れ、呼吸に集中することをお伝えしました。

初めのうちは、症状にとらわれる日々が続きましたが、やがて、「ちょっと赤くなったけど、なんとかやりすごせた」という報告が増えてきました。

ある日、飲み会で顔が赤くなったとき、「ちょっとしか飲んでないのに赤くなってかわいい」

と言われたエピソードをYさんが報告してくれました。今までの彼女でしたら、「顔が赤いのがばれて指摘された」と思い、ますます顔が赤くなっていたことでしょう。ところが、そのときYさんは、「わたし、色白だから顔が赤いのが目立つのよ」と受け答えたのです。

その日を境に、少しずつ自分の症状について、仲の良い友人に打ち明けることが増えてきました。どの友人もあたたかく気さくに受け止めてくれました。

このように症状をオープンにすることで、「ばれたらどうしよう」という不安を軽減していきました。

また、マインドフルネスを実践することで、「顔が赤くなることは、単なる状態なだけで、良いとか悪いとか、価値判断することはない」「顔が赤くなることが、恥ずかしいこと、みっともないことと価値判断しているのは自分自身」ということに気づいていきました。

そしてあるとき、Yさんは、「顔が赤くなる、という状態よりも、〝顔が赤くなるんじゃないか〟と、おどおどびくびくすること、不安を持ち続けることこそが、自分の問題だったんですね」と話されました。

「これからは、堂々と過ごすことにします」

「びくびくするのではなく、楽しんで積極的にいた方が楽に過ごせます」

その後、職場の上司から、これまでの仕事の実践報告をスピーチしてみないかと声がかかり、数人の前でスピーチする機会がありました。

顔が赤くなるという状態そのものはなくなりませんでしたが、Ｙさんは、マスクを外して過ごすようになりました。顔が赤くても、堂々としているうちに、元の色に戻ることがわかり、「赤くなったらどうしよう」という不安はなくなりました。

「顔が赤くなるのではないか」と心配して過ごすよりも、「顔が赤くなってもかまわない」と思って積極的に過ごす方が楽な生き方だと気づいたのです。

マインドフルネスの考え方は、「今、この瞬間に集中する」「ありのままの状態に気づき、そのまま受け入れる」です。

Ｙさんは、「顔が赤くなる」事実よりも、「顔が赤くなるのではないか」と心配する気持ちが、自分らしさを制限していることに気づきました。問題が「顔が赤くなる」ことではなく、そのことを気にしている自分の「考え」であることに気づいたのです。

顔が赤い状態をマインドフルネスに、そのままありのままを受け入れることで、結果的に顔が赤くなる回数は減りました。

そして、積極的で堂々とした自分でいることに意識を向けるようになり、人前でスピーチをするなど行動にも変化が認められるようになったのです。

あとがき　「新しい生き方に変わる」可能性は誰にでもある

認知行動療法は、自分の考え方や行動のクセに気づいて変えていく心理療法です。

あなたが、自分自身を客観的にみつめ、気づき、少しずつ変えていくことで、新しい自分と出会うことができます。

「どんなに認知行動療法を受けても、結局、変われないんです」

「一瞬、考え方が変わっても、また元に戻るんです」

という方がいますが、それは、「どうせ、何をしても自分は変われない」という確信にも近い強い思い込みが、そうさせているのです。

人生観とか、価値観とか、長い間あなたが生きてきた中で培われてきた「自分にとって当たり前」「普通こうでしょ」ということを、『スキーマ』といいます。

この『スキーマ』を変えると、あなたの人生は大きく変わることでしょう。

一気にガラッと変えるわけにはいきませんが、まずは、自分の人生観、価値観、「これが自分にとっては当たり前で疑いようもない」信念のようなものを、自分自身が気づくようになると、生き方が少しずつ変化し始めます。

「自分は内気で地味な性格だ」と思い込んでいた人が、実は機知に富んだユーモアの持ち主で、少しずつ考え方や行動を変えることで、自己表現するのが楽しくなった、ということがあります。

「自分はこういう人間だ」と決めつける必要はまったくありません。

「なりたい自分になる」ことは、誰にだってできるのです。

「どうせ、自分には無理だ」「変われるわけない」という思い込みを外せば、誰にでも可能です。

逆に、「自分を表現してはいけない」「ちゃんとしなければ」とがんじがらめになっている人がいれば、「ありのままの自分でいいんだ」「失敗したって、死ぬわけじゃないし、むしろ良い経験をして、学べたと思えばいい」と考え方を変えれば、楽な生き方ができることでしょう。

「新しい生き方に変わる」可能性は誰にだってあるのです。

新しい自分になること。

なりたい自分になること。

「今までとは違う考え方や行動をしてもいいんだ」と自分自身に許可すること。

「変われるかもしれない」「きっと変われる」と自分自身の可能性を信じてみること。

確かに、今までの生き方を手放すのは、ちょっと勇気がいることかもしれません。

不自由で困っているのだけれど、新しい自分ってどんな自分なのか、想像もつかないから、自分を変えることが不安で不安でたまらないという人もいます。

大丈夫という保証がないから、怖いのです。

絶対うまくいくと言い切れないから、現実場面では実際、困っているんだけれど、今のままの自分でいる方が慣れ親しんだ自分なので安心だ、という人もいます。

そう。新しい自分になるときって、誰もがちょっと怖いものなのです。

そんなとき、わたしは、あなたのそばに寄り添って、優しくそっとあなたの背中を押しましょう。

「新しい自分っていうけど、いったい私はどんな私になっちゃうんだろう」

まるで崖っぷちから突き落とされるかのような、足元が地面から離れて、真っ逆さまに落ちていくかのような不安に襲われるかもしれません。

でも、思い切って、その一歩を踏み出してみてください。

その一歩先には、必ず、新しい世界の大地が広がっています。そして、目の前には新しい景色が広がっていることでしょう。

あなたを変えることができるのは、あなた自身です。

あなたが、「なりたい自分」になれることを心から願っています。

●無料プレゼントのご案内

本書を最後までお読みいただきましてありがとうございます。

この本を読んで、あなたが、ご自宅で認知行動療法とマインドフルネスを取り組み、「なりたい自分」になれたら、こんなに嬉しいことはありません。

自分なりに実践してみて、もっと詳しく知りたい、こころの専門家に聞いてみたい、と思われた方のために特別なプレゼントをご用意いたしました。

『認知行動療法ミニレクチャー動画』

認知行動療法やマインドフルネスを日常に取り込んで穏やかな日々を過ごせるコツをお伝えします。

実際に、認知行動療法やマインドフルネスをやってみて、わからないところが出てくるかもしれません。プレゼント動画をお受け取りになった読者様は「無料相談フォーム」をご活用いただく事もできます。

せっかく「なりたい自分」をイメージできたあなたですから、実現するお手伝いを精一杯させていただきたいと思います。

無料プレゼント
『認知行動療法ミニレクチャー動画』を受け取る

謝辞

本書の刊行にあたり、武庫川女子大学名誉教授 白石大介先生には、原稿の隅々までお目通しいただき、機知に富んだアドバイスを多岐にわたりご教授いただきました。心より感謝申し上げます。

「本を出しましょう」
その言葉に背中を押していただき、今、まさに一冊の本が現実のものとなりました。
エリンサーブ インキュベーションマネージャー 増田真人さんに感謝いたします。

最後に、拙い原稿を企画会議に通し、素敵な構成、レイアウトで息を吹き込んでくださった創元社の渡辺明美様、橋本隆雄様に心より感謝申し上げます。

参考文献

『行動療法事典』山上敏子 監訳、岩崎学術出版社、１９８７年
『うつのためのマインドフルネス実践』マーク・ウィリアムズほか 著、星和書店、２０１２年

著者

高井祐子（たかい・ゆうこ）

神戸心理療法センター代表。公認心理師。臨床心理士。アンガーマネジメントファシリテーター。主に認知行動療法、マインドフルネスを用いて個人心理療法をおこなう。約20年のカウンセラー歴を持ち、2023年12月末までに1万4116人と関わる。2020年よりオンラインカウンセリングをはじめ、東京、神奈川、大阪、鳥取、沖縄、中国、タイ、アメリカなど日本全国のみならず海外からの相談に対応、グローバルに「こころの専門家」として活動している。近年は「穏やかフルネスナビゲーター」としてメールマガジンの配信やオンラインプログラム、グループセッションの提供などにも精力的に取り組む。著書に『「自分の感情」の整えかた・切り替えかた――モヤモヤがスッキリ！に変わる85のセルフケア』大和出版（2022年刊。メンタル本大賞2023最優秀賞・審査員特別賞ダブル受賞）がある。

神戸心理療法センター

ウェブサイト　https://www.mentalhealth-kobe.com
note　https://note.com/mentalhealth35

認知行動療法《にんちこうどうりょうほう》で
「なりたい自分《じぶん》」になる
――スッキリマインドのためのセルフケアワーク

2021年 6月20日 第1版第1刷発行
2024年 8月20日 第1版第8刷発行

著 者 高井祐子
発行者 矢部敬一
発行所 株式会社 創元社

〔本社〕 〒541-0047
大阪市中央区淡路町4-3-6
電話(06)6231-9010(代)
〔東京支店〕 〒101-0051
東京都千代田区神田神保町1-2 田辺ビル
電話(03)6811-0662(代)
〔ホームページ〕 https://www.sogensha.co.jp/

ブックデザイン ニルソンデザイン事務所
本文イラスト ただ かずひと
動画撮影 増田真人
動画編集 宮中善章
動画モデル 小野日花里
印刷 株式会社ムーブ

ISBN978-4-422-11764-5 C0011